# 練習設立界線

在愛裡保持距離，將那些無法掌控的事情全部放手
The New Codependency: Help and Guidance for Today's Generation

梅樂蒂 · 碧提（Melody Beattie）著
林曉芳 譯

遠流出版公司

# 目錄

推薦序

# 學著肯定自己，就是把愛與感謝融為一體

洪仲清

設立界線的目的之一，是為了把時間留下來好照顧自己。

「許多人不曉得什麼叫做照顧自己。學校或書本不會教我們這種事。產品會附上使用說明書，但是生命卻沒有操作手冊。」

作者提醒我們，不知道怎麼拒絕別人，受到欺凌要先反躬自省的教育，想讓自己成為「好人」，所以選擇無私犧牲……。種種交互影響的原因，讓我們不懂得照顧自己，任由自己活在某種控制底下。

「控制與照顧他人架構起一套完整的互依行為模式，成了我們生存與生活之道，有了這些，我們才有安全感。結果有一天，這些行為反過來襲擊我們。我們的人際關係和生活步調突然停了下來，卻不曉得為了什麼。」

當然也有可能，我們在某些生活情境被控制，但在其他的生活情境控制著他人。我們抓不清楚界線，所以常處在不健康的關係裡面。不過，當我們習慣之後，我們反而以

為這樣才是常態。

在以前的社會，控制他人是理所當然，譬如，強勢控制弱勢，主管控制部屬，父母控制孩子，即便孩子已經成年，這些曾經是不太被質疑的價值觀。而且，照顧跟控制，有時候會分不太開，所以乾脆用美化的方式，來無視界線上的模糊，直到一個人不清楚自我的邊界在哪裡。

「因為我們沒有自己的生活，照顧別人可以彌補這種感覺，填滿我們空虛的心靈。這樣做可以掩飾低落的自我價值感，讓我們與他人產生依附連結。表面上好像是別人依賴我們，其實是我們在依賴別人。」

自我界線模糊，有時候跟對方會有生命一體的感覺。那是一種極度信任，又感覺被全然接納包容的狀態。所以我們才會因此甘願交出自我，包括照顧自己的時間。

不過，那是一種錯覺，而且通常持續時間相對短暫。

尤其生命常有考驗，關係也會面臨危機。當我們奮不顧身，跳進去把責任扛起來的時候，卻發現對方根本不在。我們以為為了關係，我們做了自己其實也沒那麼想做的事，會得到肯定，但卻一再落空。

「……因為做了自己不想做的事，或者做了別人必須做的事，反過來生他們的氣。

然後變成他們生我們的氣，也不想想我們付出了這麼多。想照顧別人其實意味著我們覺得別人能力很差。我們覺得自己被利用了，沒人感謝我們。解救別人的同時製造了受害者：我們！」

沒正正經經地花時間照顧自己，結果把我們自己打造成了標準的受害者。我們沒好好認識自己，那些衝出來的情緒，代表著我們有需要、會渴望，我們沒有自己想得那麼無私，我們接受了過於理想化的標準，然後硬套在自己身上。

「照顧別人通常是因為我們內心有股被需要、被愛的渴望。我們付出是為了有所得。我們付出是為了讓別人需要我們，因為我們覺得自己乏人關愛。付出會讓別人依附自己，營造出依賴的關係。」

因為我們靠自己不知道怎麼活，所以找了一段關係互相依賴，到了像上癮的狀態。所謂上癮，我們可以簡單這麼說，就是我們已經在這段關係中痛苦耗竭，但依然離不開這段關係，眼看著自己沉淪，不知道終點。

本來我們的文化就不太喜歡設立清楚的界線，那常在傳統中，被視為是自私與冷漠的行為。以前喜歡說「大家都是自己人」，從正面來說，那叫做相互扶持，不分你我。從負面來說，可以是裝熟、攀親帶故，結黨、結盟成利益團體，暗示「我以後如果占你便宜，你別計較那麼多，自己人嘛……」。

當我們聽到「自己人」這幾個字的時候，常是有人想藉此要求對方「分享」利益的時候。這種概念，正面的意義固然會出現在人際之間，但大部分以負面居多。

資本主義以競爭為主調的社會制度，其實鼓勵資源的「轉移」或「掠奪」。我們不難理解，為什麼一些已經擁有權力與利益的人，會想要維持界線上的模糊。

回到比較親近的關係來看，有些價值觀會讓我們混淆。讓我們以為，控制是一種愛，裡面包含著依賴、強迫、彼此需要。

「看到我們關愛的人在做傷害自己的事，無論是什麼不好的行為，我們看了都會很想要控制他們，這是正常的。」

控制除了能實際獲得利益，滿足個人需求，也因為焦慮與恐懼。我們想要藉著控制，免於焦慮與恐懼，反而越來越失控，因為我們常想要控制的事，多到數不完。

愛跟控制的差別，是愛一個人，會扶植他的自我，能獨立於關係。即便跟我們預期的不同，但他可以有自己的興趣，也可以有自己的價值觀，他掌握著自主。因此，他也有離開關係的權力。

愛一個人，不是勉強他留在我們身邊的理由。

當我們發現我們想放卻又一直放不了手，或許那更凸顯了及時放手的重要性。我們忘了，即使愛一個人，也要保持一段距離，這距離裡面有自由，彼此都需要的自由。「只要我們不再控制他人、讓他們自由，我們也找回我們的自由。有時候，我們需要做的就是保持愛的距離，等他們自己承認遇到困難，請我們幫忙。但是我們不可以把這個當作保持距離的理由，因為這是控制，不是放手。」

當我們找回自己的自由，我們開始把一向放在對方身上的注意力，慢慢地收回來。那個時候，界線便開始成形與堅定，像是我們付出了過多的時間，影響了我們照顧自己，我們的付出就會逐漸停下來。

我們開始釋放我們的感受，寬恕自己的過錯，接納我們的罪惡感。我們其實擁有很多，但一直沒進入我們的視網膜。我們以前真是跟自己太疏離，現在我們慢慢知道，我們到底要什麼?!

我們願意相信自己，傾聽自己對自己說的話，也承認自己的無能為力。我們肯定自己之前的努力，所以走到今天，也感謝自己承擔了那麼多，我們終於回到了自己身邊。

愛自己也需要努力，所以作者提供了一些練習。評量我們的情緒健康，深入了解我們如何跟自己的情緒相處，然後從其中找出跟他人互動的依據。

「憤怒通常也表示我們應該建立界線了。」

這些情緒，就是打開我們心門的鑰匙。其實它們一直都在，只是以前我們太過在意他人的情緒，所以通往我們自己內心的道路，雜草蔓生到幾乎全被遮蔽。

有時候要把界線劃清楚，我們得要先離開我們所愛的人，或者至少保持一段彼此無法碰觸的距離。是不容易，所以之前我們才會過得那麼艱辛。

劃了界線，會不習慣，會有孤獨感，這不奇怪。不過，這次不同，因為有自己為伴，有這本書作為嚮導。

# PART 1

# 導論

# 越界與重回界線之內

如果不曉得世上有一個「你」的存在，那你可能會完全迷失自己。我曾經長達三十年不曉得自己與他人的界線在哪裡，後來花了十年學習設立這條界線。我一直付出，直到筋疲力竭，最後反而需要別人來照顧我。為了得到我想要的，威脅、拜託、暗示、操弄，什麼方法都用過了。我相信自己知道怎麼做對別人最好。

我和世間其他人一樣，受到欺凌時像個孩子，沒能找出兇手負責，只會責怪自己。我心想，「我一定是哪裡做錯了」。當時我還不明白別人也會和我一樣有這種困擾。覺得一切都是自己的錯，是人們處在悲傷階段的基本反應。當我們受到欺凌時，覺得很丟臉也是正常反應。因為責備自己是一種生存之道。當生命出現難以理解的事，當自己莫名其妙受到欺凌，責備自己會讓人覺得事情仍在自己掌控中。

我們犧牲自己，認為照顧他人是自己的工作。我照顧他人，希望以後別人也會照顧我作為回報。但事實不是這樣。一旦開啟照顧的模式，人們就會期待我們繼續照顧下去。我們沒照顧好自己的原因很多。因為我們不懂得拒絕別人。因為好人是無私的。因為我們不可以愛自己，愛自己太自私了！但是沒照顧好自己最主要的原因，是因為我們不懂得怎麼照顧自己。

許多人不曉得什麼叫做照顧自己。學校或書本不會教我們這種事。產品會附上使用說明書，但是生命卻沒有操作手冊。我們在生命各種複雜狀況中跌跌撞撞，想辦法解決問題。控制與照顧他人架構起一套完整的互依行為模式，成了我們生存與生活之道，有了這些，我們才有安全感。結果有一天，這些行為反過來襲擊我們。我們的人際關係和生活步調突然停了下來，卻不曉得為了什麼。這是因為生存的行為模式早已成了習慣，我們只懂得根據這個模式行動。

## 不再把別人的責任攬在身上

如果時光可以倒流，我希望不再老是擔心萬一事情不在自己掌控之中會怎麼樣，我人生的前三分之一能夠重新來過。如果生命可以重新來過，我不會再把身邊每個人的責任攬到自己身上來，不會老是有罪惡感。我再也不會把精力浪費在控制別人、督促別人、拼命拯救別人——這種照顧他人成癮的行為，對他人沒有實質幫助。

我會放手讓別人做好他們應盡的責任，我做好自己的。我不會再讓別人傷害我自己。我會建立界線，懂得拒絕。我不會只做些別人希望我做的事，我會做些自己想做的事。這樣的我對他人的付出就是出自真心，這樣做才有實質的幫助。我不會隨便否定一件事，例如，自己做的事、說的話、想法與感覺。我會讓生命自然開展，讓別人做自己，也讓自己做自己。這樣的我，會勇敢體會真正的愛。

我相信自己的直覺。如果我覺得事情哪裡不對勁，通常就錯不了。如果覺得悲傷，我就哭。如果覺得憤怒，我會知道自己在生氣。我不會漠視情緒的存在，忍到最後大病一場，或者氣得有如火山爆發。我不再用大腦分析，轉而用心感受生命。面對自己與他人的情緒，我不會有誇張的反應，我會技巧地、圓融地化解尷尬的場面。我不會被責任義務困住。

我知道自己是有選擇的——我可以選擇自己的立場、表達感謝或沉思。我不會為了保護自己，堅持凡事自己來，該請人幫忙時我會開口。我不會受到外在人事物所控制。我的控制權會用在該用的地方——我自己。別人不能決定我是什麼樣的人。我也不會任由別人榨乾自己的能量，弄得自己很疲累。

不管與誰相處，我都會盡力做到平等。我的權力和別人一樣大，不會出現一方控制，另一方被控制的局面。我不會故意製造混亂，來感覺自己的存在。我知道自己是活著的。我知道平靜的可貴。我會樂於助人，好好過人生。犯了錯我會承認。表現良好不會忘了讚許自己。

這樣的我，知道什麼叫做愛，什麼叫做照顧自己。

## 如何運用本書?

照顧自己所愛的人、遭人背叛覺得受傷、對自己所愛的人付出一切、想要控制別人以免他們傷害自己也傷害我們——出現這些行為不表示我們有問題，這些其實都是自然的反應。

本書是寫給初學者，以及那些想要進階學習怎麼照顧自己的人看的。我寫的這本書，也適合那些覺得自己不需要或者不想接受心理諮詢或參加團體治療，但是想要進一步了解怎麼與他人建立界線、怎麼處理情緒問題的人。閱讀本書時，用不著把自己貼上什麼標籤，展開大規模轉變，證明自己從書裡學了很多。只要能從本書學到一些行為技巧，用來好好照顧自己就夠了。

這本書分成幾大部分，除了導論之外，第二部分〈放下控制欲〉提供讀者解決之道，第三部分〈好好認識自己〉幫助讀者建立自己的情緒資料庫。第四部分〈把感覺放下〉，則是引導讀者怎麼維持心理健康。第五部份是問題指南，建議讀者遇到某些棘手問題可以怎麼做。等看完本書，希望大家都能明瞭生命要我們學些什麼。

在本書中，你們不會看到一長串的清單，告訴你們什麼可以做、什麼不可以做。我的責任不是告訴你們應該怎麼做。愛自己就是相信自己，不隨著別人的原則起舞。「怎麼做」的關鍵在你。

## 人生困境的唯一出路：走過去

初學者可以利用本書的內容和練習深入問題核心。本書有助於加快學習腳步，但是成長需要時間。有些人只需要他人適時提點，但是效果不見得馬上看得到。人生確實存在所謂模糊地帶、進退兩難的處境，這是人生的真實面。許多人發現自己的處境很為難，但唯一的出路就是走過去。這種情形有時令人很困惑。我們不清楚問題出在哪裡，自然也不知道該怎麼做。有時候，解決之道不在於做了什麼，而是放手。

本書第三部分的評量單元，是我之前的書裡所沒有的。這裡的評量不是單純地用行為表現來區分，再從中找出是哪種行為出了問題。評量可以幫助大家看清楚我們的行為背後潛藏哪些情緒。許多評量還兼具鼓勵作用，這是額外的收穫。靈光乍現那一刻，各位或許就能從評量題目中找到問題的解決之道。有時候剎那間的領悟，勝過長時間努力找尋解決之道。只要找出阻力或者把感覺釋放出來，就是療癒的開始。

我就是這樣走過來的。一開始我否定感覺的存在，否定了好幾年，最後終於勇敢面對自己的感受。在那一刻，我的心平靜了下來，開始照顧自己。本書的評量可以多做幾遍，要定期地做，覺得受困了也要做。評量每做一遍，你得到的訊息也會不一樣，會因你當時的需求而異。

一旦我們放鬆身心、順服，你會發現照顧自己是件有趣的事。但是我們要把照顧自己當正事看待。照顧自己並不件容易，因為療癒可能會把過去不快樂的記憶挖出來，就像清理舊傷。我們在重整生命的過程中，可能會跟著天翻地覆。改變或許會讓人很不自在，但是不改變還不是一樣。有時候我們可能因此會失去最親愛的人。生命自有其時，而且有些時候會讓人覺得十分傷痛。但是不論如何，照顧自己還是比壓抑自己的感覺來得好。

對自己好一點。我不知道你過去經歷了哪些事，但是如果你願意用關愛的眼神看自己，你會發現自己會出現某些行為是有原因的。如果你的行為已經越界了，你不需要貼上什麼標籤。你不用把自己貼上標籤，問題不在於我們做了什麼，而是我們為什麼這麼做。

某位職場女強人這樣對我描述她忙碌的生活：「我每個禮拜會花半小時照顧自己。」她的語氣很自豪。

「什麼！半小時？」我心想，「這樣根本還沒開始就結束了。」照顧自己的意義沒那麼表面。愛自己與照顧自己在生命中要做到細水長流。

## 放下控制與恐懼，不會有事的

有時候我們做得太多、過度關心、感覺得太少、過度涉入。有時候我們忘了別人有他們應盡的責任，幫忙幫過了頭。有時候我們太忙於手邊的事情，而忽略了自己真正的感受。

我們很容易把愛與控制兩件事混為一談，是因為我們只懂得控制。我們以為控制他人可以帶來安全感——確實如此，但是這種安全感無法持久。

放下控制的念頭吧，不會有事的。無論別人以前怎麼告訴我們，無論我們以前怎麼想的，我們不必什麼事都非要控制在自己手中。我們並不孤單。我們與他人、宇宙是一體的。我們與生命、每個人、每件事是在一起，但不是以那種緊抓不放的模式在一起。深呼吸，四處看看。只要放下恐懼與控制欲，你會發現生命是多麼神奇、多麼美妙。

如果把這本書濃縮成五頁，我會把重點放在覺醒、照顧、控制、放下、感恩、接受、順服、界線、感受、永遠甩開受害者的心態、學習愛自己。如果把這本書濃縮成四個字，那就是：做你自己。也就是古代哲人說的：認識自己。

PART 2

# 建立界線，放下控制欲

# 第一章　學會保持距離

有位女士對我說起她的兒子，雖然現在是個健康的成年人，但他整個青少年時期幾乎都在嗑藥，好幾次因為嗑藥過量差點死去。「一開始我的反應很激烈。我替他做了許多事，因為我討厭看到他一副行屍走肉的樣子，幸好後來我學會保持距離，」她說。「他是我的老師，教我怎麼放手。」

這位女士學會用不同角度看待痛苦的經驗——那些出人意料、我們不想要的經驗。那些傷害我們的人是老師還是敵人，關鍵在我們。痛苦的經驗是我們命運中重要的關卡還是錯誤，關鍵也在我們。

## 順服

我學會放手，是因為多年前我不知情地嫁給一個酗酒成性的人。有七年的時間，我拼命地想控制丈夫喝酒的習慣，把自己與身邊每個人搞得快瘋了。幾年下來，我把自己完全耗盡，努力想改變情況，但是後來我發現改變他不是我該做的。我該做的是順服自己的本性、順服事物原本的狀態。

我一度天真的以為，只要我放手、保持距離、順服，就能解決這個問題。我完全沒想到原來這些事要花一輩子的時間練習。這個經驗只不過讓我開始發現，**很多事是自己無法控制的；我費盡心思想要控制的事情，反過來控制了我。**

看一個問題就好像閱讀一本旅遊指南。旅遊指南會建議我們什麼值得看、什麼要注意，以及其他私房訊息。但是閱讀旅遊指南和實際旅行不一樣。資訊很重要，但改變需要親身體驗。

我們可以找很多資訊學習該怎麼設立界線，但是我們的界線究竟應該設在哪裡，最後還是得從混亂、痛苦的經驗中體會。

學習照顧自己的方法和學數學不一樣。雖然訊息很實用，可能也很重要，但是照顧自己不只是用大腦想想就可以了。改變是要透過經驗。生命終究會自行找到出路。我們都是這樣成長的。生命會自然開展、自然演變，提供不同的環境讓我們學習。我們不用控制過程，過程自會改變我們。

當別人對我們訴說他們有多痛苦，跟對方說「照顧自己，不要當個受害者」很容易。但是，怎麼做才算照顧自己，這對正要學習怎麼照顧自己的人或者這樣做已經好些年的人來說，同樣傷腦筋。正當我們以為對生命已經很了解了，生命卻來個大轉彎。我們去年採用的方式，現在可能不管用了。這表示我們的做法該改改了。我們現在遇到的情況或許和上禮拜很類似，但是做法卻可能完全相反。某種情況下我們與某人的應對方式是理想的，但換個場合可能就不適合。照顧自己的方式沒辦法濃縮成一套規則，如果有人跟你說可以，不要理會。

## 你可以決定怎麼照顧自己

照顧自己的方式不斷在改變、不斷地演化。我們活著的每一刻都要很清醒、活在當下、愛護自己、認真過日子。大家的問題可能是：孩子叛逆、與父母親關係不好、談過幾段感情皆災難收場、被信任的人背叛、照顧生病或將死的父母或另一半而疲累不堪。但我們每個人都是獨一無二的。「人生的上一刻與下一刻不會相同。」世上沒有兩個人會完全一樣。照顧自己的基本道理是一樣的，但是到底應該怎麼做，什麼時候可以這樣做，則依情況而定。

到底怎麼做才算是照顧自己，這是你可以決定的。你是自己的精神導師。我只能提供建議，提醒你要注意什麼、哪裡要小心。怎麼做，要你自己做選擇。我的責任是提醒你**要相信自己，無論經歷什麼事，你都有能力照顧自己**。

本書想傳達的是：那些早已存在你身邊的人事物與環境，例如痛苦的經驗、我們想要改變的人，其實是你的老師。有些老師一看就知道，像是諮詢師、心理治療師、教父或精神導師，但是許多老師不是一眼就看得出來的。

你能不能從新的角度看待那個逼得你抓狂的人或者很痛苦的事情？你能不能不要把他們當成錯誤一場或者加害人，而是把他們當作老師或一個課程？

## 認真過每一天

我並不知道你會學到什麼，但是你很快就會知道。照你的方法解決問題，但是如果你很想控制一件事卻辦不到，也不用惱怒。換個角度來看，別煩惱。

如果你很想控制一件事，你的功課就來了。「認真過每一天」這句話應該不用我提醒。我們常常活在今天，心卻記掛著明天，今天怎麼過去的，完全不知道。請記得，要認真過每一天。這種新的生活方式和呼吸一樣，想超前絕對不可能。在活著的分分秒秒，我們只能呼吸，接收生命帶來的恩賜。

## 1. 說出你的老師是誰，你學到了什麼

起先你有什麼感覺？你現在是不是學會了什麼？你說得出誰是你的老師嗎？如果不知道自己學會了什麼，不要擔心。不曉得，也沒關係。我們通常都在無預警的情況下學得最多。

## 2. 練習表達感謝，練習說謝謝的力量大

它會改變（或者緩和）事件帶來的傷痛。但是，這並不表示說「謝謝」只是為了獲得好處——雖然這也是目的之一。這個練習的重點，是要練習對每件事表達感謝。有些情況或許沉重得讓人無法心生感激或者馬上釋懷（或許永遠也無法）。但是，絕大多數的經驗是可以反轉的，我們可以試著對自己經歷的一切、每一刻的感覺，尤其是討厭的感覺，練習表達感謝。如果我們只對自己認定好的人事物表達感謝，那我們每個禮拜能說謝謝的次數很有限。人活著不要綁手綁腳，不要老是想用大腦分析一件事要「怎麼做才會得到好結果」，這樣感激的心情才會油然而生。

每天早上（愈早愈好）將那些令人煩惱、沮喪、困惑的感覺或事情，挑前十個寫下來。寫下你對這些感覺或事情的感謝——即便你沒有感謝的心，也盡量寫點什麼。把你要感謝的事情寫在記事本上，或寫在電子郵件傳給自己。感謝的內容可以包括自己感到開心的事、祝福、愉快的經驗。別忘了對自己所獲得的說謝謝。

不論你是否真心覺得感激，也必須練習、勉強自己說謝謝，寫下「我要感謝〇〇〇」。這不是說謊。這是一種心靈的練習，當成有那麼一回事。

盡量誠實說出自己的感覺。你可以這樣寫：「今天我要感謝我的好朋友，謝謝他們的支持與愛護。內心覺得空虛，覺得很挫折。某個我很喜歡的人背叛我了。某個我信任的人對我說謊。我的朋友在背後說我的閒話。」

然後寫出十件事，不論好事、壞事、不好不壞的事，把最先浮現腦海的事情寫出來。這樣，我們的思緒就會愈來愈清楚、愈敏銳，活力十足，再也不會覺得失落、遲滯、困惑。如果你現在正遭遇很不幸的事，這個表達感謝的練習就不適合你。此刻你正陷入深深的悲傷，需要學習不一樣的功課。

這項練習有助於我們了解，人生每一刻本自完美。認識這一點，我們就能接受。接受就能順服。順服就能帶來力量與平靜。

# 第二章　界線

## 什麼時候應該設立界線？

- 我們不知道怎麼拒絕別人。
- 我們必須修正造成痛苦、不當的行為。
- 我們已經準備好說出自己的感覺，不管別人想不想聽。
- 如果人與人相處不能平等對待，只是單方面一直付出，那我們寧可分開。
- 別人借錢忘了還，我們準備提醒對方還錢，應該尷尬的是別人，不是我們，我們並沒有做錯什麼。
- 對於發生的事情，我們再也受不了。
- 我們再也不會讓別人逼得我們抓狂。
- 與某人住在一起很痛苦，不與這個人住在一起反而沒那麼痛苦。
- 我們寧可上法院也不允許不公不義的事情發生。

• 我們不想再做某件事，但是別人卻希望我們繼續。或者，我們想要開始（或繼續）做某件事，但是別人不希望我們這樣做。

某次受訪時我說：「如果界線這種東西可以裝箱販賣，我會買四箱。」這句話引得大家笑哈哈，鼓掌叫好。

界線，不是我們可以「握在手中」的東西。**界線發自我們的內心，誠實說出我們是誰。**

一開始要設立界線很困難，但隨著練習次數增加與時間的推移，會愈來愈簡單。最後，我們開口會說出真心話，而不是我們認為別人想聽的話。

界線，表示我們的愛能給多少。

設立界線時，我們可以怎麼說？

• 如果別人不改變對待我們的方式，我們要說出自己會怎麼做。

- 告訴別人，如果他們來到我們的地盤，可以做那些事、不可以做哪些事。
- 告訴別人我們願意支持他們到什麼程度。
- 告訴對方多久可以見一次面。
- 告訴別人我們願意容忍與不願容忍的事。
- 同意他人意見時，我們會說出來。
- 應該拒絕的時候，我們會說出來。
- 不確定的時候，我們會說出來。
- 如果別人不尊重我們設立的界線，要說出我們會採取哪些行動。

設立界線，就是說出真心話。

我們設立界線時需要：

- 自覺

- 愛自己
- 誠實溝通
- 說出最難說出來的部分
- 找到內在的力量

說出自己的極限，可能建立關係，也可能打壞關係。設立界線，不僅代表別人可以怎麼對我們，也表示出我們會怎麼對待他人。

與他人設立良性界線的意思是：

- 尊重他人的權利、隱私，與個人私事。
- 可以對他人提出請求，但是不可以期待、假設、命令、堅持別人必須怎麼做。
- 我們承諾做什麼要做到，計劃改變時要說出來。
- 打電話給他人時，要問對方現在是否方便講電話。

- 沒有事先告知對方不可以逕行登門造訪，但如果雙方有共識就沒關係。
- 向他人借東西一定要先經過同意。
- 欠錢要準時歸還。
- 要說實話。
- 不要老是批評別人。
- 不要在真相不明的情況下介入、質問、指責他人。
- 不要把個人信仰強加他人身上。
- 不要以為自己有權可以取走他人的東西、操控他人。
- 拜訪他人要挑選適當時間。萬一真的必須緊急造訪，態度也不宜慌張。
- 不要在他人背後說閒話。
- 如果不知道事情真相，不要裝知道。
- 不要經常打電話打擾他人或者提出不當的請求。

如果不確定別人忍耐的底線在哪裡，開口問吧！

## 練習設立界線

### 1. 找一本筆記本

或者找一本日誌，不然寫在電腦裡也可以。總之，找一個安全、屬於你個人的地方，寫下你對設立界線的想法。

### 2. 尊重他人的界線

當別人覺得有必要對你表明自己的界線時，你有什麼感覺？當別人說出他們的界線時，你可以做到不動怒，或者不尷尬嗎？當別人對你設立界線時，學習保持冷靜。你可以這樣說：「謝謝你對我說明你的界線，我會好好尊重你的界線。」或者，不要使用這種專業說法，而是使用一般的語言。如果你覺得自己快要生氣，或者很想反擊時，最好找個理由冷靜地離開，給自己時間處理自己的情緒，處理好再回去繼續討論問題。這樣可以省得你事後還得回來向人道歉。

### 3. 接受別人的拒絕

當別人拒絕你時，你會怎麼反應？如果你發現別人拒絕你，你的反應會很激烈，這表示你不是在請求對方，而是命令或期待對方必須怎麼做。你要準備好無論別人怎麼回應，都要平靜面對。如果覺得很難做到，看一下本書關於學習控制的章節。

# 第三章　設立界線的障礙

「過去三十年來，我幾乎不曉得什麼叫拒絕。現在拒絕別人變得很容易，輕輕鬆鬆脫口而出，別人完全察覺不到我在設立界線，但是他們懂得尊重我的界線。從沒想到有一天我會這樣做。要堅持下去。這是從沒有過的經驗，需要時間練習，從錯誤中嘗試。我們最需要的其實是勇氣。即便你很怕設立界線，覺得這樣做很尷尬，還是要做。終有一天，設立界線對你來說，也會變成自然而然的事。」

——匿名者

在設立界線、執行界線時，我們有可能會遇到以下的障礙：

**壓抑舊有的情緒**。發生了某件事，這件事讓我們很不高興、傷害了我們，但假如我們不再否認自己的感受，等日後同樣的事又發生了，我們會知道自己的感覺是什麼。

**不曉得自己的感覺**。明瞭自己的感受是設立界線的關鍵。如果我們不知道自己的感受，界線無從建立。

**依賴他人**。如果我們不怕別人離我們而去，就不會容忍別人虐待我們，好把對方留在身邊。

**小時候界線被侵犯**。如果我們可以看清楚自己的過去，那些不恰當、不健康的行為就再也不會被視為「正常」。當內心有個聲音告訴自己，「這樣是不對的」、「好像哪裡怪怪的」，這時我們就會相信這個聲音。

**虐待**。修復虐待造成的傷害，就能修復我們的界線和我們的心。我們會知道愛一個人不表示可以傷害、控制或者虐待對方。別人應該用愛與溫柔對待我們，我們也應該這樣對待自己。

**不瞭解界線是什麼**。我們必須知道自己有哪些權利，才知道怎麼爭取權利。我們必須知道界線是什麼，才知道怎麼設立界線。

**父母親沒有做好榜樣**。如果我們明瞭以前到底發生了什麼事，就再也不會無意識地重複家庭傳統具破壞力的一面。當我們正視自己的感覺、真正原諒他人，就可以擺脫受害人的心態。

**自尊心低落**。能夠愛自己、肯定自己的人就會尊重他人，別人也會尊重我們。

**不擅長溝通**。只要能自在開口說出事實，就能告訴別人自己的界線在哪裡。

**感到羞恥**。做自己沒什麼不對，說出自己的界線也沒什麼不對。

**討好他人**。不要討好他人就是討好自己。

**互依式的照顧**。設立界線指的是我們不再只想著照顧別人，而是開始照顧自己。我們沒辦法同時做好兩件事：設立立線與顧慮他人感受。

只要好好練習照顧自己，我們慢慢地就會跨越這些障礙，設立界線的能力也會跟著加強。

## 對於剛開始學習設立界線的人

我從沒想到有一天自己竟然必須與丈夫設立界線。他當然也沒想到。我們結婚的時候，我以為他已不再酗酒，但其實他早在我們認識之前，一直沒改掉這個習慣。等我發現的時候，我們已經有了兩個孩子，而且都還在包尿布的年紀。

有一天，他說想和朋友一起去拉斯維加斯，問我可不可以。我們結婚七年都還沒度蜜月或度假。問我可以去嗎？「去吧，」我說。「但有個條件。」

「什麼條件？」

「不可以喝酒，」我說。「你要是喝酒，我們之間就完了。」

他答應我，然後出發了。當時要是不相信他的話會很奇怪。

那個禮拜我們正好要辦聚會，在我們家慶祝鄰居的小孩從幼兒園畢業，他說會回來幫忙。他出門沒多久，我突然有種直覺：他去喝酒了。即便別人對我們撒謊，即便我們欺騙自己，我們都知道真相是什麼。聚會在星期日舉辦。他說星期五會回來幫忙。到了星期六他還沒回家。幾天前他已經不再接我電話。我滿腦子都是這件事。星期六下午二點，我開始打電話到他住宿的飯店，電話一直打，把星期日聚會的事丟一旁。我不斷告訴我自己，「只要他接電話，我就可以叫他回家，這樣就沒事了。」

晚上十點，我又開始打電話，然後停了下來。我心想，「他已經完全失控了。但是我明天有八十個人要來參加聚會，我現在不但沒有準備聚會，反而坐在那裡整天打電話，而且電話根本沒有人回應。他是失控了，但是我也失控了。」

後來奇蹟出現了，但不是我期待的——我先生會自己清醒過來。這個奇蹟指的是我終於不再把注意力放在別人身上，我開始注意自己當下的事情。即便我最後把他叫回來了，我們的婚姻也不會就這樣沒事了。這情形和以前一樣——我想要控制一個有酒癮的人。有酒癮的人無法控制想喝酒的欲望，別人又怎麼可能控制得了他們？我能控制的人只有自己，但是我卻沒有這麼做。我反而讓他的酗酒控制了我。

就在這一刻，我決定把他放下，開始專注在自己身上。我上床睡覺，早早起床，把家裡準備就緒，好好辦一場聚會。聚會進行了一半，電話響了。

「我現在人在機場，錢都花光了。來機場接我，」我先生說。

「我沒辦法，」我說。「現在聚會還在進行，我不能離開。你能自己跑到拉斯維加斯，就能自己回來。如果你還想回家，我相信你可以自己想辦法回來。」

喀啦一聲，我掛了電話。

這是我第一次設立界線。

自此開始我練習設立界線的漫長歲月。有時候我會讓情緒一直累積，直到受不了為止。忍到自己的極限，是一種認識界線的方法，但不見得是最好的方法。

## 自然地說出自己的界線

很多人起初都會小題大作，正式宣布自己要設立界線了。這樣做想必很煩，但我們都是這樣開始的。沒多久，我們都能自自然然地跟別人說出自己的界線。我們甚至能在別人察覺不到的情況下，很有技巧地說出自己的界線，他們會尊重我們說的話。

但是，我們也用不著設立太多界線，弄得別人不敢接近我們。我們不想當地毯，但是也不要當山豬。地毯等著給人踏，但是山豬沒有人敢抱。

設立界線不是——

- 因為別人叫我們做，我們才做。
- 生氣時撂下無意義的狠話。
- 用來控制他人的權力。
- 設立我們根本無法或者不能執行的界線。

絕不可跨越的界線——

- 不要傷害自己。
- 不要傷害別人。
- 不要讓別人傷害自己。

## 這是設立界線，還是控制？

界線和我們的行為有關。設立界線不是為了控制或者干涉別人的自由意志，但是別人如果傷害了我們則不在此限。設立界線會引發不同結果。我們可能會說「如果你這樣做，我就會這樣做。」設立界線讓人們多了其他選擇。別人可以做他們想做的事，我們也可以。

這就是界線與控制的不同。我們沒辦法逼別人做什麼、不做什麼，但是我們可以拒絕與對方往來或有求必應。所以，設立界線和我們自己的行為有關，也就是——我們願意做什麼，不願意做什麼。

## 設立界線的態度要明確

所以，沒辦法執行的界線，就不算是界線。

界線要講清楚。不要留下模糊地帶，否則只要逮到機會，人們就會做錯誤解讀。人們只想聽一些自己想聽、最不會感到痛苦的話。如果我們對自己的態度不清楚，對別人也會不清楚。有時候我們不喜歡別人的行為，但又不想失去這段關係，結果就造成我們的界線模模糊糊。我們沒辦法兩者兼顧；如果要設立界線，態度一定要明確。

你能執行自己設立的界線嗎？如果不行，你能用另一種說法表達界線，**把界線的重點放在自己的行為**，不是控制他人？

## 執行界線

強制執行界線需要動腦筋，也需要投入精力。需要多少精力，要看對方的情況，要看我們設立界線的立場有沒有動搖。

某男子在女兒離家後提供她金錢援助，希望幫助女兒振作。但幾年過去了，她還是沒找工作。放任女兒對財務不負責任的是他，他討厭自己這點。他說，「我女兒只有缺錢時才會打電話來，這點讓我很難過。」那時他正在閱讀互依成癮方面的書。該是設立界線的時候了，但他覺得要公平。他對女兒說，「六個月後我會全面斷絕金錢支援」。他每個月打電話給女兒，提醒她時間剩下五個月、四個月、三個月、兩個月、一個月。時間一到，他實踐自己說的話，不再寄錢給女兒。

結果她打電話請父親寄錢來。他說時間到了，他已經事先警告過了。他沒再寄錢給她，連她的信用卡也取消。

女兒打電話給他，說他是世上最差勁的父親。她一會哭，一會尖叫，一會撒嬌。但他不為所動。她掛上電話，一個小時候又打來了。

「接下來幾個月最難熬，」他說。「所有她能用上的伎倆都用了。有時候她一天打五到八通的電話。執行界線很累人的，好幾次我覺得乾脆寄錢給她比較省事。但是我知道一旦退讓，之前痛苦的經驗全部要重走一遍。執行界線很困難，但是只要一想到以前經歷過的事又要再來一遍，我更決心不要退讓。最後她總算明白我是當真的，於是搬去男朋友那邊同居。一個月後她懷孕了，三個月後她結婚了。這是她的選擇，」他說。「不要幫助她是我的選擇。」

**別人一定會測試我們的界線，這點要有心理準備**。他們愈覺得自己會輸，逼得就愈緊。他們會不斷逼迫，直到知道我們是當真的為止。

設立界線之後，要有以下心理準備：

- 別人會測試我們，看看我們是否當真——尤其當我們以前有過設立界線、但只是嚇唬人的紀錄。
- 說了別人不想聽的話，自己會有罪惡感。
- 某些界線需要創意來執行。

- 有些界線的執行很耗精力。
- 如果對方很偏執、依賴心很強，或者被寵慣了，他們會死纏爛打。
- 別人如果發現我們已經沒有利用價值了，彼此的關係就結束了。
- 別人會想辦法讓我們覺得有罪惡感，逼我們改變心意。
- 當別人知道我們設立界線是當真的，他們會生氣。
- 別人會說謊或者裝出無助的樣子，企圖逼我們退讓。
- 某些界線的設立對自己的傷害不亞於對別人的傷害。

我們是不是無論如何都要徹底執行界線？如果做得不徹底，我們就得重頭再來一遍。這時別人會逼得更緊。要是退讓了，那我們等於是告訴別人，如果他們逼得很緊，我們的界線就守不住。

## 先認識自己的弱點

或許有人是設立界線的高手。設立界線可以輕鬆脫口而出，讓別人幾乎感覺不到你在設立界線。我們知道自己有權表達自己的意願，但是遇到某個團體或者某人，就會出現例外。我們設立界線的弱點就在這裡。

例如，人們都說愛情來來去去，但友情不會，所以朋友之間最難設立界線。雖然許多人認為情侶吵架很正常，但是人們有個默契，就是朋友之間不要吵架。

要正視自己的弱點。認識自己的弱點、接受它就會帶來改變。**愈難設立的界線往往就是最重要的界線。**

## 會傷人的界線

有時候，我們不得不與自己深愛的人保持距離，一直到他們改變自身的行為為止。即便我們的孩子做了一些傷害我們或者不尊重我們的事，我們也必須與他們保持距離一段時間。

孩子終有一天會長大。我們的孩子一旦長大成人，就必須替自己的行為負起責任。

設立界線對我們、對孩子都有好處。

當然，有些界線傷害自己的程度可能和傷害別人差不多，甚至可能更嚴重。或許這就是為什麼這種界線屬於「愛之深責之切」的愛。

你設立過最痛苦的界線是什麼？你是不是因為知道設立界線的傷害很大，所以遲遲沒有執行？

## 設立界線的技巧

如果有人突然請我們幫忙，我們一時很難回應，這時候我們可以這樣說：「這件事我之後再回你，可以嗎？」千萬不要脫口就說：「好。」先退一步好好思考，知道自己想要怎麼做再說。

準備設立困難的界線時，可以把自己要說的話先寫下來，或者先演練一遍。

除非別人問我們，而我們也想回答，否則不要解釋自己為什麼要設立界線。解釋會削弱我們的力量。

## 說出想要怎麼做

不要忘了，設立界線時也要說出自己想要怎麼做，希望怎麼做。界線不是只有說出我們不喜歡什麼。

如果我們以前一直不知道自己可以拒絕別人，一旦曉得可以這麼做，往後可能會有很長的時間一直在拒絕別人。如果覺得自己的界線快守不住了，寫下來提醒自己，如果我們允許別人越界，自己會有什麼感覺。趁這種感覺剛生起時，快把寫下來。當我們忍不住想放棄時，把之前寫的拿出來讀一讀。這會幫助我們丟掉虛幻的幸福感，提醒自己對方那種行為的傷害有多大。

如果我們的界線需要他人改變自己原有做法，我們要清楚說明哪些事需要改變。這樣所有相關的人才曉得自己的做法是否在界線範圍內、以及何時要遵守界線。

## 分段處理

遇到難度很高的界線，採時間分段處理，以避免困擾。譬如，設立六個禮拜或六個月的時間來執行。以後再來檢討整個過程。界線的設立不是永久不變，是可以有截止期的。

有的人會因為我們拒絕他們，用冷戰表示抗議，這種情形的傷害性很強。無論彼此是否交談，關係與我們愈親近的人，我們愈容易察覺對方的感受。如果我們用憤怒的情緒回應，對自己的傷害更大。我們要卸下冷戰的敵意。只要我們用關懷的心回應對方，難度很高的界線也會變得容易。

## 不要做人身攻擊

如果我們的界線與抱怨他人態度不佳有關，抱怨時千萬不可失焦。不要進行人身攻擊。要清楚表達自己希望這個問題怎麼解決。我們不一定能得到滿意的答覆，但只要不攻擊他人，逼得別人反擊，我們的勝算會高一點。當然，沒有人喜歡讓一個脾氣差的牙醫師看我們的牙齒，也不喜歡讓一個暴躁易怒的造型師幫我們剪頭髮。這些人都是在執行自己的工作，但是他們也是人，也有情緒。

## 面對現實

有時候我們覺得自己已經忍到極限了，很想切斷彼此的關係，但是對方一打電話來，我們就心軟了，又開始與對方見面。有時候我們愈想把對方趕走，自己愈容易被拉回去。萬一出現這種情形，面對事實吧，這表示自己還沒準備好執行界線——或許有一天，我們會。唯有放輕鬆，不要對抗，我們才會自由。

我們不用大聲咆哮來展現自己的權力。我們愈肯定自己的界線，愈肯定自己有權設下界線，說話的語氣會愈柔和。我們只要態度嚴肅，不管說話大聲還是輕柔，別人都會知道我們是認真的。

如果遇到攻擊性強的人，我們可以嚴厲制止對方的行為。情況嚴重的話，我們也可以打電話通知相關單位來處理。在我們必須拉大嗓門的時候，用演戲的心態假裝自己很生氣，效果比較好；但如果真的尖叫，就表示我們情緒失控，我們被憤怒控制了。

有時候我們發現自己的處境很不利——無論是法律或者情緒上。我們可能正在辦離婚，或者另一半害我們背債。該怎麼做我們必須自己決定。如果我們無法決定，表示時間還沒到。但是要記得，不做決定，也是一種決定。

## 求助

尋求和自己同樣有類似困擾的團體來幫助自己。無論遭遇什麼難題，你絕不孤單。世上其他人也有類似的經驗。支援團體能提供的協助超乎我們想像。一個團體的力量，不是用團員人數來評估的。經歷過的事會讓我們變得意想不到的堅強，只有經歷過才知道。

只要懂得求助、找答案，我們就會得到力量、指引和所需資訊，思慮也會清晰，並且知道怎麼設立與執行自己應設的界線。

練習設立界線

1. **隨時注意自己設立的界線，以及別人對我們設立的界線**

寫下你的感覺，寫下別人對你的界線有何反應。寫下你強制執行界線的經驗。要詳細記錄。你會發現設立界線是件很容易、很有意思、很輕鬆的事。

2. **察覺何時應該設立界線**

當你想要抱怨、覺得沮喪時，問問自己是不是應該要設立界線了。雖然設立界線要把握機會，但還是要等個好時機。這種事不可倉促進行，但也不要逃避。**設立界線的能力與照顧自己的能力會一起成長**，你會知道別人尊重你是應該的。

# 第四章　照顧他人

「我是家裡的老大，」一位女士說。「我的母親後來又生了三個孩子。照顧他們和母親是我的責任。後來我結婚了，有了自己的孩子。結果我的孩子長大結婚了，我還是要照顧孫子。我這輩子只知道照顧別人，沒有人教我該怎麼照顧自己。」

只知道照顧別人、忽略自己，就是我們會做的事。人們會忽略自己的原因很多。不用追究為什麼我們過去不懂得照顧自己，現在開始照顧自己才是最重要的事。

照顧過度就是——

- 把別人的責任攬到自己身上，做一些我們不想做的事。
- 替別人做他們自己能力範圍內可以做到的事以及必須做的事。
- 不等對方請求協助，自己主動處理好對方的需求。

- 會介入與自己不相干的事。
- 別人請我們幫忙時，我們做超過自己本份的事。
- 別人不需要幫忙時，我們硬要幫忙。
- 我們單方面付出太多，彼此付出不均等。
- 忙著處理別人的感覺與問題，忽略了自己。
- 幫別人善後，別人什麼都不用做。
- 自己代替別人發言，不讓別人發表自己的意見。
- 一群人一起做一件事時，我們投入得比別人還多。
- 沒說出自己的需求。
- 只照顧別人的感受，自己的情緒或沒解決的事情放一旁。
- 付出可以讓我們能依附別人——付出是因為需要。
- 替別人找藉口，但是不了解自己。
- 幫別人爭取權利，自己的權利卻不管。
- 付出得不到應有的回報。
- 忍不住想照顧他人，不知道何時該罷手、怎麼停下來。

## 用照顧別人的方式照顧自己

照顧其他人，就是我們拼命做個不停；我們所受的教養、成長的家庭一直告訴我們應該這樣做。我們所認知的「照顧」，就是我們覺得該怎麼做才算是好人。因為我們沒有自己的生活，照顧別人可以彌補這種感覺，填滿我們空虛的心靈。這樣做可以掩飾低落的自我價值感，讓我們與他人產生依附連結。表面上好像是別人依賴我們，其實是我們在依賴別人。

我們會照顧別人的感受、問題、欲望與需求，這種事我們也很擅長。我們通常比對方早一步知道他們需要什麼。有的人在家裡照顧家人，這樣也是照顧者。

「滿足你的願望是我的責任」是我們生命的主題。「你的問題就是我的問題」，是我們的座右銘。

如果我們不曉得怎麼照顧自己，只要把我們對待別人的方式拿來對待自己，通常就錯不了。

## 不是真正的幫忙

解救和照顧有關，但解救，指的不是把人從失火的建築物救出來。解救通常會讓受幫助的人變得不負責任、做事漫不經心、習慣接受幫忙。我們替別人善後，不讓他們面對自己的行為後果。像這樣幫助別人的方式，傷了別人也害了自己。

解救別人，會讓別人沒有機會學習自己生命的課題。我們幫助別人輕易逃避自己的責任。他們不用長大，到了八十歲還是這個樣。他們會這樣想，「既然你要幫我處理，那我何必負起責任？」

我們解救了別人，後來因為做了自己不想做的事，或者做了別人必須做的事，反過來生他們的氣。然後變成他們生我們的氣，也不想想我們付出了這麼多。想照顧別人其實意味著我們覺得別人能力很差。我們覺得自己被利用了，沒人感謝我們。解救別人的同時製造了受害者：我們！

我們往往一開始告訴別人「沒問題」、「我很願意幫忙」，之後再抱怨為什麼要這樣做。我們願意照顧別人，是因為我們相信如果我們照顧別人，別人也會照顧我們。我們照顧別人，然後覺得自己一無所有，希望有人來照顧我們。照顧別人通常會造成我們過度忽略自己，最後反而需要別人解救我們。我們給得太多，沒有保留一些時間與精力來照顧自己。

所以，不關我們的事，就不要介入。在協助之前，我們要先問過對方需不需要。如果別人闖禍了，好心一點，讓他們自己善後。

## 付出是基於需要

照顧別人通常是因為我們內心有股被需要、被愛的渴望。我們付出是為了有所得。我們付出是為了讓別人需要我們，因為我們覺得自己乏人關愛。付出會讓別人依附自己，營造出依賴的關係。

有時候，我們照顧別人是為了照顧自己的需求。表面上看起來是我們在照顧對方的感受，其實我們是在照顧自己。我們怎麼對待別人，也希望別人怎麼對待我們。我們照顧別人曾被傷害或曾被拋棄的感覺，同時也間接照顧了自己的感受。我們想要確保他們不會經歷和我們一樣的感受。

但我們的責任是照顧好自己的感覺，讓別人照顧好他們自己的。對他人付出是好事，但付出不是為了讓別人喜歡我們。付出是因為我們想付出，是出自我們的真心。替別人出頭，也要替自己出頭。我們要把自己的事做好，別人的事讓他們自己來。

## 自己的需求要照顧好

習慣照顧別人的人，通常用生病的方式滿足個人需求。如果我們偏頭痛或感冒了，就不用再照顧別人，可以照顧自己。我們終於找到了藉口。有些人一生只懂得照顧人，一旦自己生了致命的重病反而很開心，因為可以解脫了。

「我得了癌症快死了，」有個女子說。「但老實說，我覺得解脫了。至少我不用繼續照顧別人了。終於換別人來照顧我了。」

那年她二十八歲。

照顧自己不用理由。不用等到生病。現在就開始照顧自己的需求。生命會與我們一起努力，我們會感覺愈來愈好。

## 先管好自己的事

如果我們只會照顧別人不會照顧自己，那這個模式必須反轉。不要再管別人的事，開始照顧自己。記得我剛開始學習照顧自己時，不僅起頭很難，之後幾年一樣很難。我大部分的時間只知道照顧別人，不曉得自己的責任究竟是什麼。早上起床、刷牙、梳理頭髮、洗臉、整裝。接下來呢？這才發現自己的生命出現一大片空白。外在這一大片空白，反映我內在的空虛。我只能藉由手指上那枚結婚戒指以及母親的身分，來證明自己的存在。有些人藉由工作來證明自己存在。我們不知道怎麼做自己，我們的生命除了照顧別人，沒有自己的生活。

## 穩住自己生命的重心

有時候我們的決定會以別人為考量，這是正常的——譬如我們要考量孩子，要照顧年邁的雙親或者生病的另一半。健康的照顧方式，指的是我們對別人盡了自己應盡的責任，同時也穩住自己生命的重心——照顧自己。這不是過度自我中心的表現。我們不再把別人當作生命的重心，一心只有別人；而是懂得過自己的生活。我們懂得在忙碌的一天裡撥出時間幫自己充電。我們找到自己的興趣，追求自己的興趣。**當我們把重心放在自己身上，不會因為付出一切而掏空自己時，我們就能做出最好的決定**、得到最明確的指引，自自然然地生活。

## 練習照顧自己

### 1. 從第一步做起

「別人的事我無能為力，我的生活失控了。」把這一條念出來或者在心裡默念，這樣可以穩住我們的立場不偏離正軌。要反覆地念。這樣我們才能做出明智的抉擇

——保持距離。

### 2. 回歸身體

慢慢地深呼吸三、四次，呼吸要拉長，一天做個幾遍。去練瑜珈、靜坐冥想。這些活動能幫助我們回歸自我。去走走路，感受當下踏出的每一步。體會一下住在身體裡面是什麼感覺。許多人逃避自己，因為內心有太多傷痛，不敢正眼看。回歸自我唯一的方法，就是讓身體去體驗以前被我們忽略的各種感覺。我們把屋子打掃乾淨，回到身體這個家，重新活出自己。

# 第五章　別把自己變成受害者

## 脫離互依成癮的關係

以前，人們都以為自己必須與某人「相互依賴」，也就是說，要負責照顧別人。但是，我們不需要與任何人「互依」。我們只要依賴自己就行了，不用特別依附著別人。與他人互依成癮的人，往往會忽略自己。

我們可以不要與他人互依成癮嗎？當然可以。我們希望他們管管自己，不要什麼事都要管到底——不然至少不要再管我們了。在他們的眼裡，他們永遠是對的，我們永遠是錯的。他們不希望自己的想法受到事實干擾。他們自己已經失控了，卻還想說服我們，他們知道怎麼做對我們最好。這種人有的很難應對，有的會緊迫釘人。他們會對我們說，他們很怕被拋棄，所以我們「絕不能」離開他們。他們說話唉聲嘆氣、只想當一個受害者的心態逼得人抓狂。他們像蒼蠅一樣黏人。他們的需求永無止盡，讓人一見他們走近就想逃。

任何人都可能和我們形成相互依賴的關係，但是互依成癮的人黏人太緊，這是最差的類型。

## 放下別人

我們每個人只能從自己做起。

如果一開始想不到辦法解決問題，請放下我們關愛的人，照顧自己——這種事經歷愈多就愈上手。問題不是出在照顧別人。問題出在我們相信、我們覺得自己有責任幫助別人——即便無能為力也要幫，這種過度的責任感讓我們很痛苦。照顧我們所愛的人不算互依成癮的行為。這是正常的。當我們看到別人陷入困境，自然會想要幫忙。

我們做什麼不是重點，重點是做事的方法與動機。在相同情況下，兩個人做的事看起來好像一樣，但一個是互依成癮的行為，另一個是健康的行為。如果我們做自己想做的事，也願意替自己的決定負起責任，就不會有受害的感覺。能否為自己的作為負責，就是我們判斷自身行為是不是互依成癮的指標。

## 照顧他人是有限度的

有時候照顧別人是我們的責任。我們負責照顧自己的孩子。我們要照顧年邁的父親或母親。

**當我們覺得受不了、累壞了、負擔很重的時候，表示我們該留一點時間給自己了。**這時務必停下腳步做評估：我們是不是對別人做得太多、對自己做得太少？在我們忙著照顧年幼子女的時候，往往容易忽略了自己。我們必須做出明智的決定——照顧好自己的需求，這是抉擇也是承諾。只要愛自己多一些些，就能起大作用。

**如果我們不照顧自己，也會幫不了別人。**我們會生病——身體會逼得我們必須照顧自己。照顧自己不是可有可無的事，是一定要做的事。

有時候，我們的事要優先處理。

## 當我們的孩子出現問題

父母親在法律與道德上有責任照顧年幼的子女。我們不能丟下他們不管。孩子可能出現飲食失調、吸毒、混幫派等等行為。這些問題都會造成孩子與家人的痛苦。照顧自己的意思是，我們要學習對孩子做到盡責的同時，也要適時放手，照顧自己。這點不僅很難辦到，甚至可能是我們遇過最難處理的事情。

父母看到自己的孩子陷入困境，心都碎了。我們覺得自己應該把孩子保護好。我們細數為人父母那天起犯的每一個過錯，懷疑孩子會陷入困境，是不是我們造成的。即便理智告訴我們這不是我們的錯，但是這種罪惡感還是壓得我們受不了。問題不是我們造成的。罪惡感是悲傷的一部分，伴隨著家裡出現有問題的孩子。唯有放掉罪惡感，我們幫助自己與孩子的能力才會跟著提升。

我們很難知道自己應該怎麼做、何時該採取行動。答案或許就是介入。但如果我們太早介入，恐怕只是浪費時間和金錢，後來還得重來一遍。孩子想要偶爾體驗喝酒或抽菸的行為是可以理解的，但是何時會超越界線，變成上癮？孩子想要有個美麗外表，但他們何時會變得太執著，開始過度控制體重、刻意挨餓？兄弟姊妹間的爭執何時會從正常的較勁與發脾氣，擦槍走火變成欺負？

這個問題要靠我們自己學習，再來教我們的子女。向見多識廣的人請教。弄清楚自己的責任究竟有哪些。同時要繼續照顧自己。等時機到了再替孩子尋求協助。社會協助資源類型不盡相同，請向自己信任的人打聽。

## 不要一直善後

我們無法控制孩子的命運，但是我們可以趁他們還小的時候，告訴他們未來可能面對哪些問題，從問題的源頭教起。

或許我們會覺得自己是失敗的父母，因為能幫孩子的人就是我們。但是當孩子的牙齒需要治療時，我們也只能帶他們看牙醫。如果我們不要對孩子出現歇斯底里的反應，對自己和孩子都有好處。孩子不用因此忙著應付我們，比較有機會注意自己。如果我們不要每次都替他們善後，他們才能從生命和自己的行為學到教訓。如果我們懂得照顧自己，我們就會知道何時該怎麼做。如果我們不要太執著，就會聽到心的指引。

## 是依附，還是正常的人際互動？

照顧自己不表示我們不再關心別人。我們只是學習用另一種方式愛自己以及愛別人——我們在學習什麼是真正的愛。我們在學習付出愛不是因為空虛。我們照顧別人不是為了討別人歡心，藉機把彼此綁在一起。我們再也不會分不清愛與控制的界線在哪裡。只要回歸自我、不再以為人與萬物是疏離的，我們就會發現原來我們和所有人事物是一體——但不是以互依成癮的模式。

我們再也不用假裝是別人在依賴我們，因為是我們在依賴他們。我們再也不用硬抓個人來照顧——表面上好像在付出，其實不是。真相會愈來愈清楚。我們會發現，當我們埋怨自己對別人付出太多的時候，這種照顧方式其實剝奪了他人的行動力。照顧他人只是滿足個人需求，不是真的在照顧別人。

我們要開始照顧自己，我們不是非得照顧別人不可，也不用麻煩別人照顧我們。我們真的做不來的事，請交給上天。

## 練習拋開受害者角色

1. **弄清楚我們對自己對他人，究竟應該負起什麼責任**

如果不確定，要問。如果你不確定自己對孩子應該盡到什麼責任，尤其是孩子出現問題時，要採取行動找出答案。先多方打聽。不要被牽著走。要開始保護自己。

2. **你是不是與某個人產生「互依成癮的關係」？**

是誰？你照顧別人時做了那些超出份內的事？你是否覺得有義務要照顧某人？是誰？為什麼？你只有在某些情況下才需要對他人負責任。但你必須隨時對自己負責任。

3. **隨時留意照顧別人與照顧自己之間的界線**

你愛人的心態健康嗎？你能不能在忙著照顧他人需求的同時，不會忘了自己？把你為他人、為自己做的事記寫在記事本，記錄兩週。然後做評估。你有沒有做到自己應盡的責任？你有沒有在照顧自己與照顧他人之間，取得健康的平衡點？這個練習一定要常常做。即便你已經照顧自己一段時間了，這個練習一年至少做一次。結果會讓你很驚訝。如果你正準備走出互依成癮關係，這個練習更要常常做。只要出現情緒困擾，就要做這個練習。你會有所領悟的，你會發現自己為什麼受到傷害。覺醒是改變的開始。

## 4. 設立目標

設立目標是個基本又有效的做法，能幫助我們找到生命的重心。把自己的需求、欲望、希望與夢想清單列出來，務必經常更新。還要把自己想做到、得到、達成的目標列入清單。也可以運用你的想像力，想像自己現在正過著自己想要的生活。細節想像得愈清楚愈好，譬如生活過得如何？自己的感覺如何？這種做法好像很簡單，但是這種基本練習很有效。

## 5. 保持距離與在愛裡面放手

面對自己的感覺。當我們受挫、被拒絕了，往往會馬上主動保持距離。練習表達感謝能幫助我們放下。如果我們目前有不願放手、不願保持距離的對象，對他們說謝謝。對於任何真誠的人事物，要表達感謝。如果生活過得不如意，即便很難做到也要對困境表示感謝。對於自己有心改變、但無能為力的事情以及挫折感，要表示感激。把你的感謝寫下來、說出來，直到感謝出自真心為止——只要努力就辦得到。我們可以保持距離。要有耐心。練習一段時間，這種技巧才會熟練，值得努力好好學習。

## 6. 減少照顧他人的責任

你是不是在職場、在家裡都是照顧別人的人？挪出一點時間照顧自己。如果你不優先照顧自己，以後也沒有人會照顧你。

# 第六章　我的故事

在二〇〇二年的新書簽名會上，有位男子走向我，問我：「還記得我嗎？」不記得了。

「高中時，我們搭同一輛公車，」他解釋。他現在和那所高中還有聯絡，問我願不願意回學校演講。自從一九九一年我的兒子尚恩滑雪意外喪生後，我幾乎停掉所有公開演講。一九六〇年以後，我再也沒有走進那所學校。我一直假裝生命中的那段歲月不算數、不是真的。

現在，眼前這個我記不得的人，卻希望我回到過去那段連我自己都很陌生的歲月？起初我心想，絕對不去！但後來我頓了一下。

這不是偶然。這是人生旅程其中一站。

大部分的人會把自己想記得的事情拍照留念。這種照片我一張也沒有。我把四歲到二十四歲這段期間的照片全銷毀了，如果有也不想看。我甚至想盡辦法毀掉我青少年時期的所有照片。我恨自己到了極點。如果世上還有其他比「恨」更強烈的字眼，我一定會用，因為這就是我對自己的感覺。

三歲起，媽媽就對我說，我的誕生是個意外、是個累贅。我很難過，媽媽因為我被困住了。我把自己的生命區隔成兩段：一段是戒酒前發生的事，另一段是戒酒後的事。我想忘記前半段，但現在我卻要回到過去。

## 後悔錯過的人生

那天早上，我回到以前念的那所高中，走上講台。我的老師多數都還在世，他們紛紛上前和我打招呼。老師親切的態度讓我很感動。我到底有多恨自己，以至於我整個青少年時期什麼都看不到、什麼都感覺不到？或許上天沒有失職，或許沒盡責的人是我，我沒有照顧自己，也不愛自己。那些日子我的心裡裝滿了恨，錯過人生精彩的一段。現在我很後悔。

校長向大家介紹我是誰，然後說要給我個驚喜。「我找到兩張妳的照片，」他說。校長使用投影機，在我後方的牆面投射出照片。我轉身盯著照片，努力保持鎮定。照片中的女孩比本人還要大——這個我很痛恨、遺忘很久的女孩。在我的腦海中完全沒有這個女孩的身影。台下學生笑了。「妳現在看起來很不一樣，」有個小女孩說。我望著牆上那個女孩，很醜，戴著厚框角質眼鏡。我在自己的眼中看到深深的痛苦與無盡的黑暗。我一時喘不過氣來，覺得內心好像有什麼鬆動了。幸好我的演講經驗很豐富，假裝什麼事也沒有。我回過頭來面向學生，說了個笑話逗大家哈哈笑。

會後，有些學生向我道謝。有些人想要跟我說他們的故事。只要能夠幫助一個學生不要像我以前那樣恨自己，那麼這次演講就是我人生中最有意義的事。

## 面對自己的痛苦

我花了很久的時間面對自己過去和現在的感受。我知道這些感覺很重要。釋放情緒可以讓我們的心平靜下來，帶來立即的轉變。尚恩過世以後，我沒有服用抗憂鬱藥，不是因為吃藥不好，而是我想面對自己的悲傷。我以為我已經把以前的情緒處理好了，但是直到走出學校的那天，才發現不是這樣。

那天當看到自己照片的那一瞬間，從我內心鬆動、釋放出一股濃重黑暗的力量，一開始我不知道那是什麼，甚至也哭不出來。後來，當我終於流出淚來，痛苦卻沒有因此減輕。我陷入憂鬱，我覺得好像被錨套住往海底拉，快溺死了，我無法把錨解開，游不動、也浮不起來。我不知道這是什麼感覺，或者和什麼事有關。這是一股殘酷無情的力量。我才覺得恢復正常，馬上又被這種感覺往下拉。我快要喘不氣來了。這種感覺與哀悼尚恩的過世不一樣，這兩件事完全不能比較。但是根據我過去的經驗，我從未遇過這麼沉重、令人困惑的力量。

## 我想逃離童年和青少年時期

這種感覺持續了好幾個月。有個在服用抗憂鬱藥的朋友勸我也要吃藥。我拒絕了。這不是單純的憂鬱。有一天我突然懂了：這就是我在童年和青少年時期的感受。這就是我十二歲起就一直很想處理的東西，我想逃離它逃得遠遠的——我想把這個階段的感覺切掉，丟到身後。

我心想，那時我沒自殺實在不可思議。其實以前我自殺過幾次。當年的我絕對沒有能力處理這些情緒問題。當時這種問題沒有協助的管道——人們不了解這種問題，不懂得怎麼治療。現在的我即便用盡所有方法，要處理這些情緒還是很勉強。

就在這個時候，我了解了互依成癮的行為根源。雖然酗酒和使用毒品會使人上癮、毀了自己，是最至關緊要的問題，但它們也救了我一命。那時我一直想要解救自己，想驅散所有痛苦，問題是沒有藥可用。喝酒和嗑藥是一種另類的救命行為，但是它們後來會變成一種疾病。

我不是找藉口把這種行為合理化，我是想找尋原因。不管發生什麼事都是有原因的，譬如，有的孩子會跑去喝酒或吸毒，是因為他們想治療自己的情緒。問題是，這種解決方式會變成一種潛在致命的疾病。互依成癮的行為和依賴酒精、毒品一樣可能致人於死。這種行為確實會出問題。只要我們對酒或毒品上癮了，我們就知道自己完了。但是當我們有互依成癮的行為時，只看得到別人的問題，自己怎麼看都比別人好。

## 幫自己鬆綁

回到以前就讀的高中還有一個收穫：我原諒自己當時酗酒與嗑藥的行為，幫自己鬆綁。我再也不用假裝過去那段歲月從不存在，因為我終於發現它有多重要。我以前酗酒的經驗是有其意義的。**生命中發生的每一件事，包括那些我們覺得做錯的事，都是有意義的。**

有時心裡的痛苦會不停增長，逐漸演變成生理上的問題，形成名符其實身體的痛苦。有些行為的養成是漸進的，慢慢會演變成嚴重的身體與心理或情緒疾病。因為疾病會加重痛苦的感受，當事人會更積極想尋求解救的方式。

不要心急，不要因此責備自己。每個人都會遇到問題，都有自己的問題，每個人都在學習。重要的是，處理問題，正視潛在的問題。

練習面對自己

## 1. 寫下來

你是否想過自殺、經常舊病復發、感到沮喪、覺得被困住了、很困惑，但卻不知道是怎麼回事？把你的答案寫在這裡。＿＿＿＿＿＿

## 2. 愛自己，包容你的疾病或問題

如果你還沒原諒自己為什麼會有這些問題、有這些狀況、為什麼會生病，現在開始用下面的方式肯定自己，或者自己寫一段也可以。我原諒自己，接受自己有＿＿＿＿＿的問題。我很感謝這些問題，它們讓我學會很多，帶給我的收穫很多，感謝所有我必須學習的東西。然後看著鏡子裡的自己——看著自己的眼睛。把剛剛那段話大聲說出來，一天說三次，連續說二十一天，或者直到這些話出自真心為止。該是你原諒自己的時候了。

3. 找到自己的路

你是不是不管什麼復原計劃都很排斥？你是不是願意讓生命告訴你，可以從這個問題發現什麼？告訴你怎麼做：你必須真誠、敞開胸懷、願意嘗試。這種耳熟能詳的話流傳了很久，就是因為它管用。把你的請求寫下來，「請指引我方向，幫助我知道問題出在哪裡？謝謝你。」然後把這件事放下，耐心等候。你會找到答案的。誠懇地請求，你會知道的。

4. 找到正確的資源

找治療師和接受治療都要花錢，要確定這筆錢花得很值得，要確定你找到的單位口碑很好，能夠幫助你或者你關心的人。要多調查、多打聽。（根據經驗，決定加入某個團體前，準備相信自己的直覺之前，這個團體的活動先參加三次再說。）

# 第七章　溝通

## 是真情，還是假意？

有的人很傻，以為在網路上彼此互留話語就是有愛。雖然有了網路，許多原本不可能發生的事得以實現，但是我們不能相信網路上寫的每句話，這個道理和我們不能聽到什麼都當真是一樣的。

電子郵件、簡訊是很特殊的溝通方式，要特別小心。人們的溝通方式很多，包括：面對面交談、電話交談；手寫、說話；電視或廣播進行大眾傳播；電報、傳真。現在還必須把電郵、網站、簡訊與即時線上聊天、手機也列入。

溝通方式的演進有個最奇怪的現象：人們雖然一直努力防止語言霸凌以及其他形式霸凌的發生，但言語霸凌的行為卻沒有杜絕過。唯一不變的是，溝通是人們表現自我的方式。溝通的方式很多種：言語、身體語言、手語、眼神、肢體接觸。無論我們使用哪種溝通方式，溝通是我們與自己、人們、動物、世界互動的方式。話語，或許不是其中最有效的溝通方式，但始終是我們溝通方式的一種。

「話語有傷害、也有治療的能力。無論它有什麼功用，話語對人們的生理機能以及身體，都會產生影響」——《風暴已遠離：話該怎麼說》作者這麼說過。話語不是只有說出來才會發揮影響力。試試走過一個陌生人身旁，腦中想些美好的事情，然後注意這個人瞬間有何反應。

話語是有生命的。話語可以療傷，也可以傷人或騙人。例如我們應該都有被氣話刺傷或者上當受騙的經驗。我們應該都有被人取綽號嘲笑的經驗，像是笨蛋、呆瓜、沒救了，害我們要努力療傷。

以下就讓我們談談怎麼改善自我的溝通能力，各種形式的溝通方式都適用。溝通最大的障礙還是與壓抑情緒有關。溝通與設立界線一樣和我們個人整體的成長有關。我們愈愛自己，愈容易表達自己。

## 溝通技巧

### 釣魚

「釣魚的時候，要先確定哪一個水層有哪些魚在活動，還有牠們喜歡吃什麼，」一位老師說。老師用釣魚的技巧教我如何加強溝通能力。我的想法很天真：等別人自動走向我——他們會順著我的觀點、聽我想說什麼。但如果我們能學會主動走向對方，我們說話會更有力、更有趣。說話者要了解對方的成長背景，了解他們的興趣是什麼。找出自己與他人的共通點，懂得尊重與欣賞彼此的差異。尤其如果我們是個缺乏安全感、控制欲很強的人，一旦別人不認同我們的看法，我們會覺得很不好受。下回你和別人說話時，好好發揮釣魚技巧，或許會有不同的收穫。

### 和平相處

對團體人際互動來說，衝突也是一種溝通的方式：有話挑明說。我們可以選擇與人對立，但後果是可以預期的：人只要遭受攻擊，通常會擺出防衛姿態。我們還有另一個選擇：與人和平相處，不對立。當對方意見相左或者討論敏感話題時，和平相處是非常有效的溝通方式。與人和平相處，表示我們看到、也承認彼此的觀點不同，但無關對錯。我們能夠放心地站在別人的角度看事情——即使片刻也好。我們不要批評別人的想法、做法錯在哪裡，而是要接受他人觀點。然後再不著痕跡切入自己的觀點，說明自己的觀點重要在哪裡。因為和平的姿態不具攻擊性，別人就會覺得沒必要防衛。我們不要自以為是地擺出對立的姿態，我們要盡可能地站在他人的立場。不要急躁。要知道我們的觀點不是唯一正確的觀點。

無論是什麼情形，花點時間體會一下別人的感受。如果想要與他人和諧相處，我們必須把自我擺到一邊，把爭輸贏、辯是非的欲望放下。這樣做並不表示我們很軟弱、很消極，只會逆來順受。能力愈強的人，與人和諧相處、溝通的本事愈強。懂得尊重他人的人，能夠與他人妥協，自己退一步。試著站在別人的角度看事情。要知道每個人的觀點都不一樣，觀點不同與是非對錯無關。

如果雙方意見不同，不妨遵循下列步驟緩和氣氛，但同時也要運用直覺，根據自己當時的處境，隨時應變。畢竟這些只是建議，不是規定。

(1)不要繼續針對問題再提出任何反對意見，先退一步，愈快愈好。

(2)先釋放情緒，再與對方說話。我們要保持冷靜、頭腦清晰，說話才有力量。如果我們說話帶著情緒，就是受到情緒的控制。

(3)放下自我。你想要贏，還是想要和平？

(4)用心傾聽別人的觀點。試著站在對方的立場，我們會有什麼感覺？

(5)努力認同對方的觀點。如果今天經歷這一切的主角不是對方，而是我們，或者身處的環境和條件和他們一樣，或許我們的感受與看事情的角度也會是這樣。

(6)想想看有沒有什麼絕妙的解決之道，可以皆大歡喜。有沒有什麼方法可以製造雙贏的局面？

## 誠心溝通

我們與人交談，是為了老實表達自己的看法，還是只為了操弄、控制、改變別人的觀點？老實說出自己的感受，與控制或操弄他人，這兩件事不可能同時做到。如果我們存心操弄或控制別人，我們說的就不是真話。如果我們麻痺自己或者自我疏離，我們連真話是什麼都不知道！或許我們沒說謊，但我們也變得很假。這不是故意的。我們對他人產生的直覺反應、別人與我們說話時的態度，從這些線索可以判斷別人想做什麼、有什麼意圖。但是要做到這點，我們必須相信自己、清楚自己的感受。如果別人想控制我們，我們會想後退、逃走、走避。如果我們被人操弄，結束交談時我們會覺得很困惑、很厭惡。

溝通容易遇到的另一種情況，就是別人把「聊聊天」當幌子，耗盡我們的精力。他們會裝出很想找我們談天的樣子，趁機叫我們照顧他們。他們會先問候別人的近況，然後不著痕跡巧妙轉入自己的問題，拜託對方告訴自己該怎麼做、聽他們抱怨、照料他們的情緒。如果某人在對話中「掌握主導權」，只要談話一結束，被剝奪權力的一方通常會覺得筋疲力竭。當人們覺得自己有缺陷，覺得別人可以幫助自己彌補缺陷，他們就會榨乾別人的精力。

想一想，有沒有人正在控制你、操弄你、榨乾你？你是不是看到來電顯示某人的名字就唉一聲？

你是不是在生鮮超市巧遇某人就要躲到另一條走道，因為你知道對方想要控制、操弄你？還是情況正好相反，是別人在躲著你？

你希望別人和你一樣沒說真話、忽略什麼嗎？

你希望別人幫你解決問題、證明你是對的、讓你心裡比較好受？

你是不是相信別人有智慧、有對策、有能力，這些你都沒有？
你是不是認為，別人才有能力幫你彌補缺陷、找到完整的自己？

## 說話前先釋放情緒

假設有個女子整個人趴在丈夫汽車的引擎蓋上。「不要走！沒有你我活不下去！」她這樣請求，然後從車蓋慢慢滑下來，最後車子還是開走了。這就是用情緒說話。我們與別人的對話通常不會這麼過度誇大，但如果我們可以先把情緒放掉再說話，溝通會更有效果。

帶著情緒說話，表示情緒控制了我們，表示我們的情緒不穩定，我們還沒辦法面對、感受、釋放自己的情緒。人在焦慮與恐懼下，話容易說不停，弄得他人很煩、很困擾。這樣說，並不是指我們不能藉由談論情緒，幫助自己了解情緒。而是我們要反過來做情緒的主人，不讓情緒控制我們。

我們可以感受情緒的存在，然後把它放掉，等到心情平靜以後，再靜靜說出自己該說的話。我們思慮清晰，才看得清楚事情的真相。當我們說話用理性、不用情緒，我們吐出的一字一句都會鏗鏘有力。冷靜地表達自己的憤怒的感受，通常比大喊狂叫要來得有效得多。

## 說話不要跳票

我們是不是信守承諾的人？有時候我們太快就答應幫忙。我們話說得太早，一聽到別人有麻煩，馬上自願幫忙。但是話才說出口，馬上就後悔了。結果我們不但沒有老實說，反而拖到最後一分鐘才通知對方，給了一個爛藉口，沒能實現自己的承諾。別人因此看透了我們，我們變成了黃牛。所以不要太早自願幫忙。萬一話說得太早後悔了，也要老實跟對方說明自己為什麼無法實現承諾。開了支票就要兌現。話說出口就表示我們會做到。答應了就要做到，做不到就把話收回。

## 自我監督

我不能保證這樣做一定達到什麼效果，但如果我們能做到自我監督，我們與人溝通的效果會比較好。我們心裡想什麼，不用全部對別人說出來。我們還可以監督自己怎麼看自己、說自己。我們應該無法允許別人說話傷害自己，但有時候我們看待自己、談論自己的方式比不准別人施加在我們身上的還糟。

自我監督的範圍也包含談論自己的感受。許多人以為不管什麼感受都必須與相關的人分享，只要有人願意聽就說出來。我們不需要把自己的感受全對他人說出來。我們要學習監督自己，否則我們會跟別人說一堆廢話。小心：有些人的情形可能正好相反。如果你是這種人，上述建議要反過來做。

不要監督自己得太嚴格。放輕鬆開口說。不要過度擔心。很多人都有不小心說錯話的經驗。萬一說錯話，把說錯的話收回，道歉就好了。這就是為什麼修正錯誤對人生與建立人際關係很重要。

## 練習說話要柔軟

如果別人指責我們做了一件我們沒做過的事，如果他們攻擊我們、與我們對質，或者說些不公平的話，反擊是人的本能。不過這也是練習不與人對立的最佳時機。如果我們替自己辯護，反而顯得自己好像做錯事——尤其是別人認定我們做錯事的時候。如果受到言語侮辱，贏過對方的唯一方法就是練習不對立。這不表示我們不能說實話。等時間到了，我們自然會說真話，知道怎麼做。

我們不允許別人說話傷害我們。但是如果別人一直與我們為敵、想辦法製造衝突，這個時候我們練習說話不還擊，會有幫助。這樣做不僅可以防止敵意像雪球般愈滾愈大，甚至能讓敵意融化。如果有人存心挑釁，對你說，「你又矮又胖又醜。」如果我們這樣回應：「嗯……或許我真的比自己理想的體重多了幾公斤，或許沒有。管他的，反正美不美是見仁見智。」我們這樣回應，別人就無話可接。萬一對方還是不肯罷休，我們可以繼續施展不還擊的功夫。（如果對方的言詞羞辱不致於咄咄逼人，我們這樣做是行得通的。）

不還擊雖然違背我們的本能，但只要學會這一招，力量就從這裡生起，沒有人能奪走我們內心的平靜。別人想說什麼、寫什麼，我們管不了，但是如果真的太過頭，我們可以控告對方誹謗或中傷。如果我們對於所有謊言與毀謗，完全不回應，結果會怎麼樣？結果是，真相自然大白。連環漫畫的作家把人物對話寫在氣球框框裡；說話不還擊，就是把對話氣球抽成真空。只要一方不願爭論，另一方也吵不起來，最後和平收場。

## 說話要心口如一

「說話兩面三刀，」指的是我們對這個人這樣說——說他們想聽的話，對另一個人卻那樣說。說話兩面三刀是很殘忍的。說話兩面三刀的人和逢迎諂媚的人一樣不能信任。

如果一個人會說他人閒話，難保不會在我們背後也這樣。我們的敏感度愈高、觀察力愈敏銳，愈能感受一個人的言談傳遞什麼訊息——負面還是正面。即便一個心靈比較遲鈍的人，對於某人說的話與意念形成的氛圍，也會有感覺。假設別人發脾氣、說話尖酸刻薄，我們察覺得到，也感受得到。如果這個人很平靜，我們也感覺得到。

我的意思不是對自己信賴的朋友也不能說出自己的感覺或釐清某些疑問，只要不是惡意說他人閒話就沒關係。人際關係良好的界線，就是我們對這個人這樣說，對那個人也這樣說。說話要心口如一，不可以兩面三刀。如果我們堅守事實，無論對什麼人說話，我們說的話都是一樣的。

## 練習輕鬆說出難以開口的話

對於難以開口的話，說得愈多，以後再說出口就比較容易。什麼是難以開口的話？因人而異。比方說，拒絕別人、說自己想要什麼、說我們知道別人不想聽的話。凡事都有第一次，我們必須想辦法說出來，就像披荊斬棘，我們必須鼓起勇氣說出來。

話說出口前，最好知道自己要說什麼，但是不要演練太多次，不然聽起來會很像唸台詞。練習怎麼說出難以開口的話和容易開口的話。不用多久，不管困難和容易都一樣：

我們只說真相，我們會表現出最真實的自己，說出自己的真心話。

想想什麼事情是你最難說出口的？你是不是有什麼事很想對某人說，但是你逃避、拒絕、抗拒、壓抑了很久？是什麼事情？那個人是誰？把這件事說出來當作一個目標。不妨給自己一個月的時間，把你必須跟對方說的事——那件重要的事，說出來。

## 練習專注在當下

對話是一條雙向道：一個講，一個聽。我們的心要專注，要專注在對話上——注意聽自己在說什麼、聽到了什麼。對話一往一來之間的空白也要注意聽。空白裡面藏了很多話。與人交談要留一點空白。或許這樣，我們才會開始回想自己剛剛說了什麼。

試試每天撥出一小時練習與自己靜靜相處：觀察自己的感受、目前正在做的事、呼吸、感覺與念頭。把手機關掉，或者不接電話。不要上網、不要開電視，也不要聽音樂。如果我們與他人同住或者有小孩，說話是難以避免的。與他人說話時，心思要專注在當下。在練習的這段期間（一週或一個月），不管和誰說話，我們的心思都要專注在當下。即便過了這段期間，也要這樣。與其期待別人快點把話說完，不如注意聽對方在說什麼。我們與別人結束交談之後，回憶剛剛說了什麼。如果想不起來，表示我們沒有專心聽人說話。無論獨自一人、與人交談、對談之間的空白，你的心都要專注當下。

## 說話要讓真誠的心自然流露

如果我們不知道我是誰，那我們與他人交談時，也無法讓人知道我是誰。只要我們能把待辨的事情放下，心就能專注在當下。

如果你與人交談出現障礙，不妨訂定為期一個月的「交談認識月」。在這個月，注意我們和別人怎麼說話、別人怎麼和我們說話。不要把注意力放在變化不定的現象。要練習觀察。變化會自然消失。除了剛剛提過的幾項要點，還有幾件事要注意。你有沒有告訴別人你很感謝他們，還是只會抱怨？你說話給人什麼印象：自律、自重、很犧牲，還是諉過？你能容忍別人說話不把你放在眼裡嗎？如果別人說話奉承你、滿足你的虛榮心（比如，說你外貌出眾、很有才華、很聰明），你會不會隨著這些話起舞，輕易受人擺佈？

相信自己無論何時都能專注在當下，都能即時回應。當我們沒刻意想要幫別人的時候，幫助最大。因為我們做自己。在交談認識月結束以後，問問自己：我們學到了什麼？我們想要改變什麼？把我們想要改變的事，寫下來當作努力的目標，比如：「我希望自己可以更誠實。」「我希望自己不要老是跟人道歉。」

我們還可以訂個目標，學習對自己的身體好好說話。相信不少人看著鏡中的自己，心想：「鏡子裡的人真討厭。」不要再貶低自己的身體和外貌，對自己的身體說，「我希望你健康。」謝謝身體陪伴我們這麼久。照鏡子時要刻意對自己說好話。我們愈懂得怎麼與自己相處，溝通的能力就愈強。

# 第八章　控制

## 不要掉入控制的陷阱

如果要點名哪種行為對我們傷害最深、最能摧毀我們的愛、和平、快樂、創造力、人際關係與能力，控制他人絕對是第一名。假如不要控制他人就可以過好自己的人生，那真是太容易了。問題就出在我們想要控制的事幾乎多到數不完，偏偏又控制不了。「這些事」會挑釁、刺激、慫恿我們想辦法控制它們，騙我們這樣是愛與解決問題的表現。為了完成不可能的事，我們把自己弄得疲憊不堪，這時我們才明白，控制問題不能解決問題。我們上當了——掉進控制的陷阱裡。當我們以為某些人、某些事在自己掌控之中時，其實我們反被這些事、這些人給控制了。

我們一旦掉入控制的陷阱，就會變得緊張又害怕。我們與自己、他人、生命的關係因此就切斷了。

有一次做完身體檢查之後，我被告知罹患C型肝炎，我整個人嚇呆了。接下來有兩年的時間，我一直緊盯自己的肝臟，好像它會爆掉一樣，每六個禮拜驗血一次。每一次醫檢師會幫我抽血。抽完血我問醫檢師，驗血報告什麼時候出來，拜託他報告一出來要馬上打電話告訴我。我問對方這件事問了無數次，最後醫檢師跟我說：「不要擔心你的肝，好好過生活。」

只要我們陷入控制模式，做什麼都不對勁。有控制欲的人，眼中的世界是失焦的。想要控制一切，又要做自己，是不可能。

控制欲會讓我們看不到真相。

## 這是愛還是控制？

不少人都有和控制狂同住一個屋簷下的經驗。我們因此變得愈來愈敏感，只要一察覺有人想控制我們，我們會立刻反應。《聖境預言書》的作者曾說過：控制別人，是一種悄悄奪走他人權力的行為。

當愛我們的人控制我們的時候，我們會把控制視為愛的表現。我們很容易把愛與依賴、操縱、需要別人混為一談。這都不是愛。愛，是讓別人做自己。

控制是一種心態，也是一種行為。我們會把這種心態帶進工作。用這種心態工作，工作沒有樂趣可言。控制欲也會讓我們的人際關係和休閒生活變得很單調無趣。因為我們做的每件事都是經過準備，沒有活在當下。

控制是一種錯覺、一種騙術。

與控制欲強的人相處，可說是世上最痛苦的經驗之一。我們都討厭被控制。被控制是我們最難忍受的事。

## 想控制的主因是恐懼

看到我們關愛的人在做傷害自己的事，無論是什麼不好的行為，我們看了都會很想要控制他們，這是正常的。但是，**我們只能控制自己，不能控制他人**，這和坐車要繫安全帶一樣，幾乎成了常識。以前的人認為控制他人是理所當然：父母應該控制子女，男人應該控制老婆，老闆應該控制員工。人人都有既定的角色。但是到了現代，我們必須放下控制的欲望，我們知道，控制是行不通的。

人們想要控制他人的理由很多：可能是出自於習慣，我們不希望自己關心的人傷害自己，也可能是因為我們以為可以這樣做。其實，最主要的原因是恐懼。我們會怕，怕假如我們讓別人做自己、讓我們做自己，假如我們不介入、不幫忙，事情不知道會變成怎樣。

控制，也是一種悲傷的表現。知名的精神科醫生依麗莎白・庫伯勒—羅斯（Elisabeth Kubler-Ross）把悲傷分成五個階段：否認、憤怒、談判、難過、接受——或冷靜。控制是一種談判的過程。我們想要討價還價，把失去的找回來。這樣做偶爾可以達到目的，但是成功的機率太低了。

或許我們目前並沒有失去什麼，但有些人因為以前失去了很多，所以控制成了一種生活習慣。我們以為控制會帶來安全感。

失控的感覺很可怕。但是以為自己控制得了一切，是錯覺。

## 愛不是控制

父母在子女還是小嬰兒時全心呵護，等他們覺得可以對孩子施壓時，卻開始出現問題，因為孩子知道他們自己有反抗的權力。而在兩性關係上，女方會看著男方的眼睛，說：「我全心全意愛你。」然後，接下來的二十年，她不願放手讓他決定事情怎麼做，希望他什麼都聽自己的。這真的是愛嗎？

「愛是恆久忍耐又有恩慈……愛是不求自己的益處。」這個對愛的定義，和控制完全相反。

我們沒辦法從遵循什麼規則或思維來學會順服與放手。我們唯有走過無法預知的未來，才能夠學會這些。最後我們會曉得，只有愛是真實的。愛不是控制，完全不是。如果你不懂我在說什麼，沒有關係。有一天你會知道的。這是我們這一生中要學習的終極功課。

## 越界

採取必要行動解決問題和控制是兩回事。什麼行為算是越界？在接受事實以前，我們必須確定自己已經盡了全力。當醫師說，他們必須關掉我兒子的維生系統，因為他已經走了——他在過完二十歲生日後兩天，滑雪時頭部撞到斜坡，腦幹受到撞擊移位，從那一刻起他就已經死了。我知道我已經盡全力了，我找來最好的神經外科醫師，也諮詢過最好的治療師和醫生的意見。沒有人、沒有任何辦法可以幫助我兒子自主呼吸。即便如此，有好幾個夜晚，我躺在床上依然想著，「還有沒有什麼是我可以做的？」我們的行為有沒有從盡力解決問題越界而變成控制，只能自己判斷。如果是，要退回線內。

## 保持愛的距離

潛藏在控制欲背後的感覺是什麼，要感受它、接受它——無論它是什麼。然後放手，保持愛的距離。愈難以放手的事情，愈凸顯放手的重要。我們從放手處學習活在當下。

**我們把從前那些令人傷心、以為必須受自己控制，自己與所愛的人才會平安順遂的事情，全放手了，我們會更幸福，更平靜。**

控制是一種行為與態度，順服與放手也是。控制，讓我們變得緊張、僵硬、不自在。如果全面放棄，我們會覺得人生無望。如果保持冷漠的距離，別人會覺得我們很嚴厲、刻薄、不關心人、遲鈍、無情。**控制會封閉我們的心**。真正的順服和保持愛的距離，會讓我們的心全然寧靜。

有趣又不可思議的是，即便我們沒告訴別人我們放手了，別人也感受得到。如果我們有心控制，他們也感受得到。控制的行為會把人向外推。當我們不再控制別人，放他們自由，他人自然會覺得待在我們身邊感覺很好、很自由、很舒服。

## 讓他人自由，我們也找回自由

只要我們不再控制他人、讓他們自由，我們也找回我們的自由。有時候，我們需要做的就是保持愛的距離，等他們自己承認遇到困難，請我們幫忙。但是我們不可以把這個當作保持距離的理由，因為這是控制，不是放手。

我們的生命和這一生遇到的人——我們所愛的人——都是禮物。愛人，就要愛他們本來的樣子。我們要做自己。好好體會自己的感覺。做什麼就是做什麼，不求回報。在放下的那一刻，你也把快樂帶回自己的人際關係、生命與工作。

順服不是裝出來的，它會自己來到我們身邊。從控制的陷阱走出來，走出幻覺，沒有什麼比這個更好。

練習放下控制欲

## 1. 把自己控制他人付出的努力與結果記錄下來

你有沒有想過要控制什麼人或什麼事？是什麼人？什麼事？你希望得到什麼結果？把自己控制的行為一一寫下來。這本記事本要隨身攜帶。任何與控制有關的舉動，無論是說話、做事或想法，都要寫下來。或許你已經說服自己相信煩惱對事情有幫助。但很多人應該也都聽過這句話：「煩惱於事無補。」因為我們煩惱的事，不見得都會成真。於是有人說：「就是因為我在煩惱，那些事才不會發生。」我們知道這種說法是不正確的。煩惱不但不會讓麻煩事消失不見，反而會因為我們害怕而把問題引來。

## 2. 把順服、保持愛的距離、放手當作目標

你是不是已經準備放下、順服、保持距離？你是不是有什麼事還沒解決？你是不是還想控制什麼人或者什麼令你煩心的問題？如果你已經準備好了要放手、保持距離或順服，把目標寫下來。目標要寫清楚：把你想要保持距離的人事物，或者想要順

服的事情寫出來。不要把目標訂得太高。譬如，或許我永遠也無法完全接受我的兒子已經死亡的事實。但是，我每一刻都在學習面對他的死帶給我的感受。對我來說，這樣已經足夠。

# 第九章　否認

## 告訴我這不是真的

否認，就像開車時有所謂視線的死角，我們看不到那裡有什麼。為什麼人們會陷入否認狀態這麼久？當我們在納悶，為什麼事實明顯擺在眼前，人們卻完全視而不見，這時否認正在發揮它的影響力：它可以保護當事人，以免當事人看到真相太過於痛苦，會受不了。

否認，有時是替人們爭取時間，累積足夠的能量面對事實。再堅強的人也有無法一下子承受太多打擊的時候。人們不是故意要否認，他們需要否認推自己一把。對某些人來說，否認的功用好比旅館，一個可以暫時休息的地方。但有的人會往否認的方向愈走愈進去，住在裡面不出來。

## 戴上否認的面具以逃避真相傷人

其實多數人知道發生了什麼事，只是願不願意承認罷了。轟炸他們、逼他們看清事實，通常沒什麼幫助。他們不知道我們希望他們看到什麼，他們只知道自己很氣我們。除非我們是心理治療師，否則強迫別人睜開眼睛看清真相，不是我們該做的事。我們只能逼自己面對真相。強迫別人看清真相，有時候是很危險的。依麗莎白・庫伯勒—羅斯說過，否認是陷入哀傷第一階段的反應。因為否認的下一階段會進入憤怒期，當人們不再否認後，會做什麼事，很難預料。最好不要自己攬下這個任務。我們不能強行敲碎別人否認的面具。人們準備好了、有安全感了，就會看到真相。意願很重要。我們自己很想看清真相嗎？真相有時候是很傷人的。

## 否認讓人看不清一切

活在否認裡會讓人覺得一切都看不清、很困惑、不認識自己。長期處於否認的狀態，是會生病的。遮掩真相是很耗力氣的。而且否認很累人的。否認會讓人除了睡覺什麼事都不想做。當我們覺得沒精神、焦躁、疲憊的時候，這表示我們的否認狀態出現兩種可能性：一、我們確實處在否認的階段；二、真相即將揭穿。

## 否認只是在欺騙自己

否認是一種保護機制，防止我們失去太多——無論小事或大事。不要低估它的力量。我們或許以為否認事實的人在騙我們。有時確實如此，但他們欺騙的對象，主要還是他們自己。

## 看到真相才能自由

如果我們懷疑自己是不是也在否認事實，有個方法可以幫助我們安然度過這一關：

祈求上天或生命讓我們看到真相。走出否認的階段，等於往接受事實的階段邁進一步。當我們不再否認，日子會過得比較輕鬆，因為我們不用費心控制一切、掩飾自己的幻想。我們可以選擇讓真相見光。否認事實要費很大的功夫；承認自己失去夢想、某件事、某個心愛的人，也是如此。

除非我們打算一輩子都活在否認裡，否則只要時機一到，我們就會看到真相。當我們看到真相的時候，我們才會自由。

1. **一天花幾分鐘，把自己的狀況條列記錄下來**

你現在有什麼感覺？發生了什麼事？什麼事令你煩心？什麼事困擾你？誰在困擾你？你怎麼照顧自己，或者你做了哪些沒把自己照顧好的事？你有什麼感覺？如果不知道，把以下這個問題當成目標，試著把答案寫下來：我想知道自己的感覺是什麼？花點時間一個人靜靜。我們或許會跟自己說，我很忙、要做的事太多了，不要再來煩了。但是人們會讓自己一直很忙碌，有時候是因為不想知道自己發生了什麼事。**每天投資十分鐘，幫自己累積世上最寶貴的資產：我們自己。**

# 第十章　依賴

## 過度依賴是正常的嗎？

依賴成性的人覺得自己需要別人，就好像需要氧氣一樣。別人是他們精力、能力、金錢的來源——舉凡他們覺得需要，但是手中沒有或者得不到的人事物，都算。

有些專家說，依賴成性的人小時候不黏父母，但成年後卻什麼人都黏，這是一種補償心理。

但是，並不是所有的依賴行為都是有問題的。小時候我們依賴父母，後來長大慢慢學會靠自己。人們偶爾也喜歡被需要的感覺；我們也需要別人。主要的差別在於，如果是健康的依賴行為，我們愛別人與喜歡別人的程度，超過我們需要他們的程度。我們依賴的對象一旦離開了，雖然會想念他們，但我們還是會好好照顧自己。許多有過度依賴行為的人還做不到這一點。還有，某些依賴行為是正當的，譬如：我們可能行動不便無法開車，我們的生活品質和生活能力理所當然要依賴別人。

但是依賴成癮是另外一回事。例如我們的依賴行為是不是在正常範圍內，還是已經越界進入病態的範圍？我們是不是把自己辦得到的事、必須自己完成的事，依賴別人替我們完成？

## 黏人會讓人反感

依賴成性會給人們招來麻煩。依賴成性的人等於身上背個告示牌四處向人宣布：「你們不需要特別滿足我所有的需求，只要撒一些麵包屑給我，我就跟你走。」如果依賴成性的人找到依靠的對象，他們也不會感激對方。

依賴成性與愛黏人是一種向下沉淪的漩渦，會把人趕跑。愛黏人的人很容易看出來，容易讓人感覺得到。人們會躲開愛黏人的人。這些人的需求是個無底洞。當他們的需求愈來愈多，別人就會躲得愈來愈遠。

依賴成性的人通常急於發展一段新的關係。他們不太挑人。即便他們的需求很少得到滿足，他們也不會離開對方，因為這樣總比一個人來得好。等最後終於離開了，他們沒能滿足的欲望清單已經愈來愈長。於是他們急忙跳入另一段感情，因為他們的挫折感比以前更強，他們的需求已經很久得不到滿足了。

依賴成性的人容易被有心人士利用。因為害怕不會照顧自己，他們隨便投入別人的懷抱，只顧著自己想要什麼，不清楚自己喜不喜歡對方。他們只想找人把自己從出生起一直沒能滿足的需求缺口填滿。

喜歡和那些愛黏人的人在一起的人，往往本身也很黏人。兩個依賴心強的人如果在一起，黏人的力量最後會炸開，逼得兩人分開。

一般人們都以為女性依賴性最強。女性也認為男性是握有權力的人。但現在男性依賴心強的人也很常見。

依賴成性的人想要什麼就要得到什麼。他們要求很多；他們喜歡操縱、控制他人。他們活在虛幻中，他們認為人活著就是要滿足所有需求。

## 依賴變化無常的人事物，找不到真正的幸福

愛人與被愛都是幸福的要件。但愛不是佔有。依賴外在或變化無常的人事物，找不到真正的幸福。幸福是順服當下每一刻、順服本性。

你是不是剛結束一段感情，馬上展開另一段感情，因為你不想一個人？你是不是因為多年來身邊沒人陪伴，覺得很悲慘？你相信自己有能力照顧自己嗎？

如果我們覺得自己缺了什麼、需求無法滿足，不要否認。要順服自己的感覺。感覺與行動是兩回事。我們可以感覺自己想要依賴，但不必要這麼做。不要從外面的人事物找尋圓滿與幸福了。

## 練習找到自己的力量

### 1. 補充心靈能量

你從哪裡得到力量？你是不是從他人身上獲得力量？當你覺得疲累時，你會緊抓別人不放？還是到外面走走，感受大自然的力量？如果你不知道自己力量的來源是什麼，把它寫下來當作學習目標。問問你尊敬的人，看他們從哪裡獲得力量？有一天你會知道答案的。把那些滿足你的需求、給予你力量的人事物列出來。如果下回你又覺得自己少了什麼，看看這張清單。

### 2. 對自己說真話

你是不是常常對自己說，你覺得自己有缺陷？幫幫自己。開始對自己說：我就是我，我沒有缺陷。你要這樣告訴自己。不斷地說，說到你知道這是真的為止。

### 3. 有依賴心要警覺

你是不是依賴某個人？是誰？是哪方面的事？為什麼？弄清楚是哪些事需要別人替

你完成，為什麼你覺得這些事不能自己來？然後把每一件事寫下來當成目標。沒有人什麼事都自己來，需要人幫忙是正常的；但是在不會過於獨立的情形下，能自己來的，盡量自己來。也不要過於極端：不讓別人幫自己或者從不接受別人幫忙。這種行為是依賴的另一面，同樣不健康。太過獨立的人有時候和互依成癮的人一樣，其實都很需要人。這兩種行為的根源都是恐懼。

# 第十一章　從原生家庭找答案

過去有一種從「原生家庭」探索的治療法，許多人和許多團體幾乎是在同一段時間內都想到這個方法。原生家庭治療計劃涵蓋的範圍很廣。不同的治療師會有不同的做法，切入點包括：家庭的角色（老大、老二、老么）、家庭的規矩（譬如：不可以有自己的想法、不可以有自己的感覺、不可以靠近有危險的地方）、個人的信念、壓抑的情緒、未揭露的虐待行為。這些做法的目標大致相同：找出我們的家庭過去是如何對我們產生負面的影響，重新塑造自己。

做法穩健、謹慎的原生家庭療法，想要主張的是，如果我們不檢視過去，就會複製過去，我們會一直活在過去。發生過的事不會就此結束；過去的事現在還會重演。虐待或傷害，不是不再發生就沒事了。它們會影響一個人很久很久——有時候是一輩子，甚至好幾代。

## 釋放內在小孩

我們不要活在過去，但是注意過去發生了什麼事，很重要。家中老大照顧家庭照顧了四、五十年，不表示老大要永遠這樣過下去。若是有受虐的情況，不要自責，把恥辱還給加害人。或許有人不認同這個觀點，但是把壓抑的情緒釋放出來、承認小時候發生的事，才能把我們內在的小孩放出來，這是我們再度快樂起來的唯一辦法。如果我們一直活在恥辱與憤怒中，我們永遠也感受不到快樂。

## 原諒那帶來傷害的人

不再當受害者的唯一方法，就是原諒。但是原諒之前，一定要先感受情緒。不過，許多人卻永遠甩不開受害者的影子。從他們的聲音、做的事、說的話、不想做的事，都看得到這種影子。

我們必須知道，每個人的生命都是有價值、有意義的。我們必須知道，沒有人責怪我們。

許多人到死都認為自己的生命不重要、是個錯誤；其實，我們活著是有目的的。人活著的每一天、每一刻都有它的意義在，如果我們只知道追求遠大理想，就體會不到這一點。這世界少了任何一人就是不一樣——我就是我，從來都沒變過。

練習學會原諒

### 1. 寫下自己想留下什麼

你們家族最主要的特質是什麼？上一輩人大都經歷了困苦的年代，他們把受苦的特質傳給了我們。如果你不曉得你的家庭怎麼形塑現在的你，把找尋答案當作目標，這樣寫下來：「我的做法、存在、想法如何受到家庭的影響？」答案會出現的。完成這件事後，你再決定要不要接收家族傳下來的東西。不想要的就不要收。我們可以寫下自己想留下什麼。如果你想改變自己的生命，用你的名字寫一封遺書給自己，留下來的東西都是你想要的：拒絕受苦的權力、享受快樂的權力、同情與關愛。如果家族留下的是你不想要的東西，你可以把它們寫下來，在上面打叉，表示拒收。

### 2. 原諒他人

我們可以做到包容他人的同時，仍保有自己的界線。**寬恕，是希望藉由放下責備與怨恨，放我們自己自由。**然後，還可以做得更徹底一點，原諒所有我們怨恨的人。

# 第十二章　付出與獲得

關於付出與獲得，我們可以這麼做：

• **付出與獲得要平衡**。想要過健康的生活，就要在付出與獲得之間取得平衡。我們希望某些關係，可以建立在付出與獲得一樣多的基礎上。我不是叫大家要計較，但這確實是我們必須注意的一件事；人與人相處應該是互惠互利，不該是一方拼命付出，另一方只懂得伸手拿。有時我們付出是為了服務他人。付出只求好心情，以外什麼都不求。平等互惠的意思，不是要我們每天計算付出和獲得是否等量；它是要告訴我們，兩邊要盡量做到恰到好處。在人生某個階段，有時候一開始一方付出比較多，之後換成另一方付出比較多。有時候一方貢獻一點，另一方也付出一些。假如我們不斷單向對他人付出已經長達二十年，那我們應該暫停，開始照顧自己。要檢視一段關係是否平衡發展，最好的方法就是提問與觀察：當我們對某人付出時，我們是不是覺得累到不行、被操弄、被利用了？

• **付出要自然而然，否則不要做**。如果我們忍不住一直想付出，那就要先停一停了，直到我們能真心付出為止。先不再付出是最好的辦法。我們的付出與獲得必須取得平衡、自然而然地進行，否則不要付出。

• **知道何時可以再付出**。有些人把付出的行為全部與互依成癮者劃上等號，從此再也不付出。完全不付出與拼命付出都是不健康的。要不要付出，決定權在個人。但是從不付出與宇宙運行法則是相違背的。付出太多與付出太少，都表示我們對自己沒信心。想要知道何時可以再付出，生命自然會給我們訊息。或許我們發現自己完全得不到或者得到的愈來愈少。這時，我們可能會發現自己很久沒有幫助他人了。所謂健康的付出，就是我們能自由選擇什麼時候想要付出、付出多少、對誰付出。不付出，生命就不會流動。如果你習慣拒絕別人，該是學習幫助別人的時候了。

• **學會接受**。雖然付出比獲得更有福，但學會接受也很重要。有人認為，付出讓人覺得自己擁有控制權。接受讓人覺得自己很脆弱，有種被人控制的感覺。有時候對我們付出、保護我們的人，也是虐待我們的人。所以，有的人不接受任何人的付出，讓別人沒有控制我們的機會。不接受他人付出，我們就不會有罪惡感，好像別人給了我們東西，我們對他們就有所虧欠。想要知道什麼時候該接受他人幫助，我們要傾聽內心的聲音，對自己要有信心。我們甚至可以請求別人幫忙。請求和命令是不一樣的。請別人幫忙，表示別人有拒絕的權利。

• **知道自己的界線**。有的人不設限強迫自己不斷付出；有的人則是不設限地不斷接受別人幫助。這兩種情形都不健康。界線不是死的。界線會依據我們當下覺得哪些事是對的、哪些事是錯的而變動。我們付出或接受幫忙時，要注意哪些是我們覺得對的事、哪些不是。如果不確定，在弄清楚前先不要有動作。

• **付出沒有目的，問心無愧**。付出不能別有用心或講條件。如果我們付出是有條件的，要把條件說出來，否則就成了操弄。如果我們付出是為了得到別人的回報，對方必須知情，也同意我們的條件，否則這樣會害了自己。

• **拒絕是愛的表現**。知道何時該付出、該付出多少、對誰付出，與知道何時不用付出一樣重要。付出做得好，就像上天伸手輕觸他人；做得不好，會阻礙別人學習自己生命的功課。如果不願為自己的決定負責任，不要付出。

• **不要害怕付出**。有時候我們能給人的不多，反而更能自由付出。當我們擁有的很多，就會變得很小氣。或許我們擔心自己被利用，怕有人藉此利用我們。或許我們收入不太穩定。但不管我們能給多少，上天會照顧我們。我們要練習沒有目的的付出。我們或許會犯錯。但只要我們肯為自己的行為負責，付出就不會讓我們受到傷害。

- **付出與獲得，比金錢更有價值**。我們付出與得到的東西，有時和金錢一樣重要，甚至比金錢重要，譬如：時間、技術、同情、鼓勵、傾聽。付出金錢有時比付出自己的心力更容易。但是付出自己的心力很重要，幸運的事情會隨之而來。
- **小心不要越界**。付出要做到動機單純。如果我們的付出越了界，從沒有目的、問心無愧，跨越到另一邊，那麼無論我們付出了什麼，這個時候我們都必須後退。但是不要忘了，付出能幫助我們做個健康又有愛心的人。我們幫助別人和拒絕別人都要能做到輕鬆自在。

## 練習付出與接受

### 1. 注意自己付出哪些、獲得那些

記下自己付出哪些、獲得哪些的行為，請記錄一個月。注意自己付出了多少、付出的對象是誰、付出的動機是什麼、付出之後有什麼感覺。記錄自己何時受人幫忙、別人幫了什麼忙、你對別人的幫忙有什麼感覺。你是不是覺得每回只要接受別人幫忙，自己一定要回饋？你害怕付出嗎？你的付出是不是成了強迫性？你付出是不是為了控制別人？做不到的事，你會請別人幫忙嗎？能夠覺察，等於往接受事實、寧靜、改變的方向邁開第一步。

# 第十三章　肯定自我價值

## 自我價值低落

你真的愛自己嗎？還是說說而已？

討厭自己是一種病毒。如果我們的家人自我價值低落，我們也會被傳染。我們的父母親會這樣，是上一代養育他們的人造成的。這種感覺會遺傳，變成基因，傳給下一代。自我價值低落會形成於我們的ＤＮＡ與細胞；它會表現在我們的感覺與行為。隨著幹細胞研究的興起，說不定有一天，我們可以在培養皿製造出愛自己的基因，然後加以移植？

自尊與自我價值彷彿有具體數量，我們必須具備才行。它們具有雙重對立的性質，有很好的一面，也有不好的一面。世界上有誰能一直維持好的一面？

## 怎樣才是愛自己？

有人說，如果我們不愛自己，就不懂得愛別人。但是，如果我們不懂得怎麼去愛，我們要怎麼愛自己？歌曲、電影、詩篇裡面的愛，講得模糊不清。人們普遍把獲得、控制、兩性的吸引力、思慕，與愛混為一談。顯然我們不會日日夜夜思念自己。那麼，愛自己究竟是什麼情形？

有些人的行為，把愛自己污名化。這是自私，不是愛自己。還有的人自以為是，批評別人毫不留情。他們要大家知道，自己說的都是「對的」。這不是愛自己，這是自戀。人們無法愛自己的原因很多。例如有人說，我很怕愛自己會把自己變成懶人。但其實，不懂得怎麼愛自己，主要原因是不知道自己值不值得。

## 肯定自己

有的人——包括我在內——要花很久時間才懂得怎麼愛自己。但是，愛自己是有竅門的：學習肯定自己。肯定自己，就是把愛與感謝融合一體。肯定自己會激發動力，每件事因此變得愈來愈好，因為肯定自己，會幫助我們看到事物美好的一面。

肯定自己和自己值不值得沒關係。做自己，就是肯定自己。我們對自己有什麼感覺，會影響別人對我們的感覺。我們的想法會在我們四周營造出一種磁場。當別人看著我們的時候，他們看到的這個磁場好比我們穿在身上的斗篷。我們要讓自己的內在散發出美麗光芒，讓世界知道我們有多美。要給自己信心。要感受自己的情緒，不要對自己說，我們的感覺有問題。要對自己說，無論我們過去做了什麼，我們已被原諒了。

如果別人可以從我們身上「捕捉」到什麼訊息，最好是肯定自己與愛自己。

## 張開雙手，才能得到

自我價值低落，是一種哀傷的表現，表示我們的哀傷沒有抒發的管道。我們可能得不到自己想要的東西，或者失去了什麼。然後我們告訴自己，我們得不到是因為我們不配，所以不會想要找回從前失去的東西。覺得失落與不值得擁有，是一股向下旋轉的漩渦。

有的人因為失去太多，以致於欲望升起的第一個反應，就覺得有欲望是錯的。這樣的生命不會成長，連活下去都有困難。但這種思維方式，卻能幫我們在歷經失去後繼續撐下去。

那些覺得沒有資格也不配擁有的人，只會靜靜坐著，但坐得不自在。我知道，因為我也這樣過。我們無法從外在事物找到快樂。但有些事物是老天給的禮物。

如果我們的行為不改變，就感受不到這份禮物的存在。我們只會呆呆一直想著自己少了哪些，不懂得珍惜已經擁有的東西。

有人會買了家具但不把塑膠套拆掉。我們會嘲笑這種人。別人出現這種自覺沒有資格、不配擁有的行為，我們很容易發現，自己有這種行為卻看不出來。

如果我們不懂得享受與珍惜握在手中的禮物，老天怎麼可能再送給我們別的禮物？覺得自己沒有資格、不配擁有成了一種生活方式。我們愈不肯張開雙手，得到的就愈少。

這種行為的反面就是過度消費。這種人買東西，是為了向他人炫耀自己的財產，為了跟上潮流，營造虛假的自我形象。

## 自我價值不是從外在找尋

一切人一切事有一天都會離我們而去。物品從製造完成那一刻起，已經開始折舊。人類從出生那一刻起，已經邁向死亡。成就在消逝中。如果我們把自己做的事、外貌、擁有的東西與自我價值畫上等號，那我們存在的意義是很脆弱的。等我們變老了或者失去了什麼，我們也會失去自我價值。

我們生活在富足的世界，我們想要什麼，幾乎就能夠有什麼。其實很多東西都不用花錢。你有沒有好好欣賞過滿天的星星？你看得出樹很美嗎？我們活著不是為了從外在的人事物找到自我價值。

我們活著是為了珍惜與他人相處的時光，珍惜四周觸手可及的禮物。看到自己沒有什麼，很容易；要看到自己擁有什麼，很困難。

如果我們老是覺得自己沒有資格、不配擁有，那我們很難享受這一切。

## 從暗處走出去

我們要肯定自己，才能把自己從暗處推出去。肯定自己就好比陽光。我們愈肯定自己，就愈懂得欣賞別人。這是一股向上的力量。

## 1. 練習肯定自己

對鏡子裡的自己說些肯定自己的話。謝謝我們的身體。當我們到了某個地方，覺得自己沒資格來到這裡時，對自己說，我們夠資格。講求完美主義是在折磨自己。注意自己喜歡什麼，哪些事會引發強烈反應，不論是正面或負面的。從這些反應可以知道自己是什麼樣的人。如果我們覺得自己很想做某件事，要正視這種感覺。如果我們覺得某件事做起來不對勁，不要做。如果我們做某件事會受不了，那我們可能不太適合做那件事。**如果我們無法肯定自己，就無法設立界線。**我們必須知道自己該做什麼、不喜歡什麼；想要知道自己的界線在哪裡，就必須知道這一點。

## 2. 為失去而哀傷

如果我們失去或者永遠無法得到某樣東西，我們是不是對自己說，我們無法擁有是因為自己不配？現在要開始告訴自己是絕對值得擁有。

## 3. 把自尊與物質分開

把那些被我們跟自尊劃上等號的人事物列出來。譬如：車子、配偶、個人影響力等等。存在銀行裡的錢是淨收入，不是自我價值。把自我價值與外在人事物劃上等號，會造成許多問題。一旦失去那些被我們視為自我價值的人事物，我們會開始煩惱自己該怎麼辦；假如真的失去了那些東西，我們也失去了我的價值。

## 4. 享受自己擁有的

享受和珍惜我們已經擁有的東西。每隔幾小時停下手邊正在進行的事，看看四周。把周遭環境的美，收進眼底。

## 5. 注意自己少了什麼

我們覺得自己少了什麼？衣服？朋友？不要否認自己覺得少了什麼，要注意它們的存在。注意自己少了什麼，這是一種指標，指出我們未來去向。記得只要愛自己、看重自己。

# 第十四章 操弄

## 我只要想要我想要的東西

我們和別人講完話以後，腦袋亂糟糟，說不出什麼感受，只能用「很討厭」來形容。感覺不對勁，卻又說不上來是什麼。

這種感覺不難釐清：這表示我們剛剛被人操弄了。

操弄手腕高明的人與他人意見不同時，最後總是佔上風，別人只有困惑的份，加上罪惡感。操弄與控制是好朋友。有些人會命令他人做自己不想做的事，或者替他們拿到自己想要的東西。

有時候，他們的動機可能只是希望別人喜歡自己而已。他們可能想要談成一筆鉅額的交易，或者想結婚。操弄的行為可能涉及買賣。人際關係可能完全建立在操弄的基礎上。操弄的人會說謊，受害的人相信他們說的話。

## 操弄別人，連自己也不認識

我們可能是操弄別人的人，也可能是受害人。有時候我們兩種身分兼具。當我們操弄他人時，我們很虛偽；我們裡外不一、沒有老實說出希望從別人身上得到什麼，也就是沒說出我們的動機。操弄別人久了，我們有一天會連自己也不認識。操弄他人的人，其實也容易被人操弄。我們忙著掩飾自己做的事，沒注意別人在對我們做什麼。我們忙著不被人抓到小辮子，什麼事也看不清。

有些人偶爾操弄別人，有些人把操弄別人當家常便飯。有的人因為被人操弄感到自責，但如果是對方在耍花樣，我們幹嘛覺得自己有錯。我們可能覺得必須處處防備，才不會遇上愛操弄的人；可是這樣被人操弄的機率反而大增，日子過得更辛苦。如果我們經常受到同一個人操弄，或者同一件事一直上當，那我們可能會否定自己、依賴他人、再也不相信自己。所謂健康的行為，就是當我們察覺被人操弄了，要立刻清醒過來，保護自己。

## 煩惱和執著的操弄

操弄的行為，也可能用煩惱和執著表現出來。有人以為煩惱到了某種程度，事情就能如願。許多人在追求心靈成長的過程中，如果不能用正當方法取得的東西，如果是自己不該得到的東西，他們不要。有時候人們過了很久才知道，無論是爭取一份工作、建立一段關係或擁有任何財產物品，都必須用正當方法達成，才能得到真正的快樂或寧靜。

避免被操弄的最好辦法，就是對身邊發生的事情保持警覺心。雖然這種做法往往只有面對重視信譽的人或公司時才管用，不管如何，我們還是要多小心。

## 一種生存手段

操弄的行為有時候是故意的。有時候人們出現操弄的行為，自己並不清楚。操弄可說是一種生存的手段。當我們約會的對象說不想結婚時，我們也會假裝說自己不想，其實很想，這就是操弄。我們以為自己只要會下廚、養育孩子、床上功夫很好，就能證明自己是理想的另一半，結婚戒指即將到手。有時候對方可能發現我們做某些事是在對他們施壓，這時他們不但不會給我們想要的，反而利用我們得到他們想要的。當我們明瞭我們的目的無法達到時，我們會覺得被利用，是受害者。但不是別人害了我們，是我們害了自己。我們很難過，因為我們口頭說不想要的東西，最後沒有到手！這種想法是很矛盾的。

有些人屈就職位低的工作，工作賣力，工作時間很長，獲得的薪水遠低於自己應得，為的是希望有一天能換來更多薪水與升遷。這種事有時候會成真，有時候不會。有些老闆早把員工榨乾當作平常事。等員工氣得辭職了，知道無論自己工作多賣力、無論付出多少，都沒有用，因為老闆下面還有很多人心甘情願排隊等著被利用，甘願屈就低薪工作。

有人把吊他人胃口當手段，用來得到自己想要的東西，譬如金錢、權力、愛情或者性關係。「給我我想要的東西，我才會給你你想要的東西，」這是沒說出口的條件。問題是，他們不是當真的。

當人們拿某樣東西吊某人胃口——他們知道這個人想要這個東西，即便他們已經說清楚不會給對方這樣東西，這種行為還是操弄。有些人不會直接告訴我們以後會不會得到我們想要的東西——他們在操弄我們，我們的心也這樣說。對方知道我們在打什麼算盤。如果我們忙著盤算怎麼操弄對方，我們就看不出對方也在操弄我們。有時候我們根本不想要某個人或某樣東西，但是我們和自己太疏離了，不知道自己真正的感受是什麼，或真正想要什麼。一切都是我們腦中的想法在作祟，我們不是真心想要這些。

如果在往來的過程中，你覺得很困惑、很討厭，覺得腦袋亂糟糟，馬上結束談話或離開，不要讓自己被操弄了。

## 1. 要清楚自己的動機與欲望

如果雇主沒有承諾達到某種條件就會加薪或升遷，如果我們約會的對象肯定自己不想結婚，要注意聽對方說了什麼，而不是聽自己的心說想要什麼。我們滿意現在的工作嗎？譬如工作內容、薪水等等。這些條件以後會改變嗎？如果兩人交往最後沒結婚，我們會不會覺得對方騙了自己？覺得時間白白浪費了？你對現在的工作或交往的對象感到自在嗎？我們心中有沒有其他盤算？我們有沒有把心中的盤算告訴對方？我們有沒有告訴自己，我們真正想要的是什麼、真正的動機是什麼？

## 2. 相信直覺

不想被操弄的最好辦法就是提高自覺。這個人在說什麼？我們有什麼感覺？你是不是覺得這個情況不太對勁？相信我們直覺的心理反應。如果你覺得哪裡不對勁，這種「不對勁」的感覺會引發強烈的情緒。有罪惡感、不相信自己，只會讓我們更容易受人操弄。因為如果我們有罪惡感，我們會以為做錯的人是自己。

# 第十五章　扶持

## 另一種愛的方式

扶持是一種行動，也是一種態度。
扶持他人是一種「給」的行為。
扶持是一種愛的表現，是一種存在的方式。
扶持他人會改變我們說話、與人互動、展現自己的方式。我們走向對方，安慰他們。
當我失去兒子，走進悲傷的幽谷，我的老師是唯一不怕我，願意走向我的人。他知道永遠失去的滋味是什麼：這是一種疾病，是和小兒麻痺奪走他雙腿行動力一樣的疾病。如果我們曾經走過幽谷，就不怕再度進入幽谷陪伴別人。只要有人陪伴，就有陽光。
扶持他人時，我們會根據對方的速度調整步伐——我們扶持的對象可能是別人，也可能是自己。

## 出自真誠的行為

扶持的行為結合了同情心、覺察、愛、接受、真誠的照顧、順服等特質。扶持的行為出自真誠，背後沒有複雜的動機。扶持是一種特殊的能力，唯有用心才展現得出來。扶持改變了我們，也改變了我們身邊的人。

## 沒有批判，不會否定

失去某人以後，我們以為自己再也快樂不起來，但是有一天，快樂會回來。這時的快樂和我們以前經歷的不一樣——是一種深刻的快樂。扶持不會批判。如果我覺得需要哭一場，不管人在哪裡，想哭就哭。如果身邊沒有衛生紙，我就用袖子擦淚水。我扶持自己，讓生命與上天幫我一把，唯有如此我才能走出哀傷。扶持不會給人壓力，但它會鼓勵人前進。扶持不會否定情緒的存在。扶持怎麼做，沒有規則可言。

扶持，會透過接觸、眼神、聲音表現出來。它尊重每個人的步調，無堅不摧。

有時候，悲傷拖慢了我們的腳步。不過我們想沉到多深，扶持的腳步都會跟到。世上其他人有他們的速度，我們有我們的。悲傷的人動作跟烏龜一樣慢。因為，我們要怎麼一邊往前走，一邊告訴自己要對此釋懷：無論我們等多久，永遠也得不到我們想要的東西？

需要哭的時候就哭出來，不要再硬撐，不要壓抑。

歡喜、悲傷、憤怒與恐懼之間並沒有太大差別，每一種都是我們的感覺，是一種情緒的能量。

我們只要順服感覺——感覺來襲的每一刻，要知道它來了、感受它——就會得到一種寧靜的喜悅。

讓我們每個人都做自己吧。

請求上天和生命滿足我們的需求。我們會發現，原來生命比我們更早知道怎麼做對自己最好。有請求才會注意答案什麼時候出現。我不喜歡擁抱，但扶持是我學過最棒、最具療效、最能給人安慰的生命課題。

練習扶持

1. **把學習扶持當目標**

你知道什麼是扶持嗎？有沒有人扶持你？把「學習扶持」列入你的練習目標。然後觀察生命幫你帶來什麼課題與老師。

2. **保持覺察**

你是變得冷冰冰、肉麻兮兮，還是介於兩者之間？注意我們被人傷害以後，是用什麼態度對待他人與自己。我們的態度是變得很強硬（不再柔弱），還是懂得溫柔待人、富同情心？如果你不確定，看看身邊的人怎麼說，但是也要觀察自己。

# 第十六章　強迫

## 強迫行為是一種警訊

當人們出現強迫行為，表示可能哪裡出了問題。可能是我們想要得到自己不能得到的東西——起碼現在得不到。出現強迫行為，可能是因為我們想要控制情勢，不想順服，不想接受生命本來的樣子，硬要事情照自己的期望發展。強迫行為不是刻意做的決定或選擇。試試強迫自己是什麼感覺。放下手邊的事，花個五到十五分鐘一直想著某件事或某個人。辦不到。此外，強迫的行為停也停不下來，除非我們找到對策，知道自己已經陷入難以自拔的處境。

人們可能因為無法得到自己想要的東西，不自覺地出現強迫行為。我們會很執著，或許是因為我們以為，只要一直想著某件事或某個人，拼命地想，最後終會到手。但是強迫的念頭或行為，本身並沒有任何神奇的力量。它只會折磨我們，把我們折磨得半死。

太過執著，不僅無法幫我們得到想要的東西，有時可能造成反效果。即使我們與別人離得遠遠的，他們還是感覺得到我們帶來的壓迫感，把人趕跑。

問問強迫的念頭想對我們說什麼？我們是不是不是在壓抑什麼？強迫的行為是不是掩蓋了真相，讓我們忙得團團轉，不用面對失去某事或某人的事實？

## 強迫是為了平復傷痛

強迫，是人們為了平復失去的傷痛所產生的行為，是悲傷的表現。我們會把一件事說了一次又一次，是因為我們努力想把自己還無法接受的事實，整合到自己的經驗裡，接受它。

我們從各個角度思考出了什麼事。當初是不是還有其他做法？如果有，是不是就不會失去了？只要有人願意聽，我們就會把一件事說個十遍、二十遍、一百遍甚至一千遍——我們用這種方法接受自己覺得毫無道理的事。人們能接受失去的事實之前，通常會出現強迫行為，這是過程。

## 強迫是表達感受的方式

強迫的行為，有時是一種情緒的表現。同一件事一說再說，可能是因為我們很焦慮、很恐懼。這是一種間接處理個人情緒的方式。

我們的處理方法其實不用拐彎抹角：我們可以辨認情緒的存在、感受情緒、釋放潛藏的情緒。

## 強迫是熱誠的表現

強迫的行為不見得都是不健康的。它和熱誠的關係密切，兩個是鄰居。當人們對某個想法很熱誠、很堅持，創作就這樣產生了。強迫也是一種創造力。事情本身不分好壞——要看我們怎麼做。我們可以把強迫變成熱誠，好好完成工作——做得漂漂亮亮，無懈可擊。一個不起眼的想法只要用熱誠執行它，事情就會圓滿達成。

## 改掉強迫的行為

哈！這就好像叫人刻意強迫自己想某件事一樣，辦不到。如果做得到，多數人都會改。有時候，強迫的行為表示我們做事很熱誠，不想停下來。但是不健康的強迫行為，卻可能逼得自己與他人受不了。雖然強迫表示做事很熱誠，但是這種情緒很強烈，做得太過會弄得人疲憊不堪。

如果我們失控了，請幫自己改掉強迫的行為。承認自己無能為力，承認強迫的行為把我們的生活弄得一團亂。我們相信世上有一股更偉大的力量，能幫助我們做到我們辦不到的事——找回我們的理性、改掉強迫的行為。我們要有意識地實行這些步驟，靜靜思考這些原則，把腦中盤旋不去的事情丟掉。

不妨做些可以幫助我們冷靜、集中注意力的事：例如瑜珈、運動、靜坐冥想、泡澡、數習、散步。還有一個訣竅或許會有幫助。當我們強迫的毛病又犯了，停也停不下來，這時要停下手邊正在進行的事，找個地方獨處。然後強迫自己、逼自己花三十分鐘的時間一直想那件讓我們一直想不停的事情，一天至少三次。

如果這種強迫思考是不健康的，我們最後會做不下去。我們會發現這樣強迫思考很無聊。如果這種強迫思考是健康的，和我們想要做的事有關係，我們會變得很興奮。我們會告訴自己，這種強迫思考會激發我們做事的熱誠。但是，即便是正向的強迫思考，想得太過頭時，還是要冷靜一下，把強迫思考的念頭放下。如果不放下，會什麼事也做不了。

## 把你的強迫思考寫下來

如果強迫思考是我們表達哀傷的方式，我們會需要把自己失去的故事反覆一直說，說到我們接受事實為止。除了用說的之外，我們還可以用寫的。肯聽我們同一件事反覆一直說的人最後應該會愈來愈少，但我們還是得說出來。我們無法控制悲傷，是悲傷在控制我們。

在生命療癒我們傷心的這段期間，把失去的事實寫下來，是為了給自己時間與空間悲傷，讓我們覺得事情不致於完全失控。

# 第十七章　我們有權做自己

## 壓抑

我們有時候會出現強迫、心情低落、自我壓抑等行為。如果我們不認為我們應該做自己、應該有感覺，如果我們認為出現情緒反應是不應該的，如果我們生活的環境教給我們的都是互依成癮的行為觀——不要想、不要去感覺、不要有意見，如果我們表達個人意見會被人吼、被懲罰，那麼壓抑就會成為我們的生存之道，最後成為我們生活的方式。

一個七歲或十歲的小孩，對於眼見的人事物，能夠做出正常、健康、直覺的反應，但是他們還得注意爸爸媽媽的反應。如果孩子老實說出自己的感受——譬如，爸或媽的行為脫序、會施虐等等，那孩子在這世上恐怕沒人理了。這種環境對小孩是很不理想的。恐怖極了。想在這種地方活下去，孩子必須常常告訴自己他們想到的、看到的、感覺到的，都是錯的。等他們長大成人，自我壓抑已成了習慣。他們甚至可能複製自己的成長環境——製造另一個不讓孩子自由表達個人意見的家庭。

## 釋放情緒

壓抑的出路只有一條，那就是表達自我。做自己、說出自己的感受、說自己該說的話、說出自己對某件事的看法。我們會發現，這樣做其實是正常的本能反應。習慣壓抑情緒對自己的傷害非常大。這樣不僅有礙健康，也會扼殺創造力，讓心情難以平靜，找不到真正的力量。

壓抑會讓人身心失衡。這也是為什麼當人們釋放自己壓抑多年的感覺時，會有種奇妙的感受。只要釋放感覺，整個人就會活過來，恢復平衡。所以，要生氣、要感覺自己的痛苦、感受自己的恐懼。不管你壓抑的感覺是什麼——把它放出來。放手，自我就會散發美麗光采。你會知道下一步該怎麼走，能自在做自己。只要把堵塞與壓抑的情緒釋放出來，你就能與自己、與生命和平相處。

把壓抑的情緒表達出來，把重心放在自己身上，不是別人身上，我們的身心就會穩定，就能找到真正的力量。我們會知道該怎麼做，一切做得自然而然。怎麼做，不是我們想出來的，它是輕鬆自然出現的。

壓抑也是控制的一種表現。我們告訴自己只要壓抑本性、感受、欲望，別人就會對我們另眼相看，別人就會喜歡我們、愛我們。我們不敢表現自己，或許是因為害怕別人會不喜歡我們。這是有可能的。我們的身邊可能圍繞一些我們不太喜歡的人。或許我們身邊的人會操弄我們、欺負我們、不把我們看在眼裡。我們很想對這些人說的話，他們不想聽，但是我們或許應該說出來。

## 真正的力量來自放手做自己

自我壓抑有可能會變成我們的生活方式。不管有什麼想法和感受、想說什麼或做什麼，我們會反射性立刻壓抑下來。

我們控制自己、壓抑自己、沒有做自己。我們假裝我不是我，假裝自己是另一種人。只要我們做自己——從我們的打扮、說話、做事做起，不要控制別人，而是做自己，我們就能正直、真誠待人接物。當我們一直做自己，就擁有真正的力量。
讓我們放手做自己。

練習釋放自己

## 1. 把表現自己當目標

把以下當成一個目標寫下來：希望自己在職場、家裡、學校或在各種人際關係之中——無論在哪裡，都能自在做自己。練習在面臨棘手的人際關係時，也能心平氣和地表達自己。你可以從說出自己的感受，或者平常不敢說出的話開始做起。你在害怕什麼？你的恐懼有特定的對象，還是只是莫名的恐懼？如果某人習慣壓抑自己，我們待在他們身邊一段時間，有時候也能「感受得到」這股壓力。壓抑是會傳染的。如果我們身邊的人會壓抑自己，我們通常也會有壓力。

## 2. 找些事情放鬆自己

有沒有什麼事做起來可以讓你自由地表達自己？聽音樂、做瑜珈、跑步、健身——試試看哪一種可以。找出可以讓你不要用腦（但要用心體會）的事情，譬如：整理花草、照顧小動物、抱抱小嬰兒、照顧老人家。看電影對我有幫助，尤其是感人的電影。找些事情幫助你與真正的自己連結。

### 3. 工作或閒暇時，做些有創意的事

跳舞、畫畫、雕刻、寫作，或者做些有創意的事，都可以表達自我。創意會滲入我們生活其他層面。把以下當成目標，找到答案寫下來：找一件有創意而且能走到戶外的事。然後要常常去做。

# 第十八章　不抗拒

## 抗拒

只要遇到不喜歡的事——無論是浮現在腦海裡，還是發生在我們身上或周遭，或是發生在我們關心的人身上的事，我們就會啟動第一道防衛機制：抗拒。想把自己不喜歡的人事物趕走，可以理解。但是抗拒會造成反效果。這樣不但對事情沒幫助，反而愈弄愈糟。

抗拒和否認很類似。人們在抗拒的當下往往不自覺，過後才知道。我們心想，早知道就不要這樣做。

我們會拒絕面對發生在自己身上的事、拒絕面對情緒、拒絕接受別人的言行、拒絕接受別人沒做的事。我們拒絕聽別人講話。我們抗拒最厲害的事，有時候就是我們最應該做的事。我們甚至連抗拒的行為也抗拒。

抗拒把快樂擋在門外。

抗拒是順服的反面。

抗拒讓心無法平靜，切斷我們與力量之間的連結。

## 順服帶來力量

我從學習武術知道什麼是抗拒。習武時我發現，只要反擊，力氣一下子就沒了；反之，在我決定放鬆、順服的那一刻，反而感覺有股力量在體內流動。假如有什麼祕密，可以讓人生這條路走得平順、輕鬆、安穩——那就是不抗拒。

抗拒不能解決問題，只會讓事情更嚴重。抗拒其實是一種正常反應。當在抗拒時，暫停一下，呼吸。學習覺察自己有什麼感受、怎麼面對感受。覺得緊繃嗎？感覺內心有兩股力量在拉扯嗎？努力想完成某件事嗎？努力想阻止某件事發生嗎？

你可以練習這樣做：

1. 練習覺察。學習分辨自己何時出現抵抗行為。

2. 呼吸。
3. 辨識出自己在抗拒什麼。
4. 到了該把抗拒放掉的時候，要放手。
5. 剝去抗拒層層的外衣，好好呼吸。
6. 什麼都不要抗拒——不管是心裡的聲音，還是發生在我們周遭的事。

**如果抗拒的感覺來了，讓它走完。**

順服就不會有事。不順服，就會造成傷害。別再想用抗拒的方式硬把事情完成，沒用的。讓抗拒的外衣層層剝落吧。或許我們永遠也無法完全改掉抗拒的習慣。或許我們最初的反應還是抗拒，但我們可以學習讓這種反應輕輕鬆鬆快點結束。

## 去除對立心態

要把抗拒這種求生的行為模式轉變成健康的行為模式，可以參考以下的做法：覺察、接受、感受，並釋放情緒、順服。我們只要反抗——只要宣布對立——就輸了。順服，我們就贏了，就能找到自己、生命、力量與平靜。這當中的變化不可思議。生命會朝著既定的方向前進。

正面臨失去的人，心情是好不起來的。知道自己關愛的人即將過世或離開，或者罹患某種慢性疾病，感覺很不好受。我們不用逼自己馬上接受現實。做不到，也沒有必要。從小事情練習不抗拒——不抗拒自己不想面對的感覺，不抗拒自己接下來必須做的事，不抗拒內心的困惑、茫然與孤單。不必想得太複雜。

**只要去除對立的心態，痛苦就會消除。**痛苦或許不會完完全全消失，但是傷害會減輕。

## 不必煩惱下一步

我們不用煩惱下一步該怎麼走，一切會自然而然進行。

我們最不願意做的事，往往就是我們最應該做的事。有沒有人告訴你應該怎麼做？

我們是不是覺得自己被牽著走，但心裡很排斥？

啟動不抗拒模式，我們自然會向前走，自然知道下一步該怎麼走。我們一直抗拒的事——無論我們在抗拒什麼——最後會變得不重要，或者變成禮物。

我們不用改變任何事、任何人——包括自己。

不抗拒的思維會自然改變我們。

練習不抗拒

## 1. 隨時留意自己是否在抗拒

抗拒，是我們在很多情況下會出現的一種自然反應——尤其遇到我們不希望發生的事。每天檢視自己幾次。你的身體是不是很緊繃？是不是覺得被控制了？我們是不是與什麼事、什麼人，或者自己過不去？不用擔心自己無法馬上接受現實，因為這超出我們的能力。不必想得太複雜。一步一步來。

無論發生什麼事，無論我們有什麼感受，無論別人對我們做了什麼或者為我們做了什麼，時時都要練習不抗拒與順服的功夫。我們是不是已經想好下一步要怎麼走？有沒有人建議我們下一步該怎麼走，他們認為這樣做比較好，可是我們一想到要這樣做，心裡就犯嘀咕？或許這是醫師的交待。學習覺察抗拒會帶來什麼感受。如果我們的抗拒是無意識的舉動，我們就會捲入事件的漩渦。我們會封鎖情緒的出口，與生命過不去。這又何必呢？

# 第十九章　親密關係

## 強大的轉變

受到性侵害會影響到對他人的信任、自尊、親密關係以及性行為。受侵害其中一個副作用，就是會把加害人應有的羞恥與罪惡感，套在自己身上，造成自己在受害事實過去很久的情況下，持續活在受害者的陰影中。

性侵對於男性和女性都會造成負面影響。性侵是一種破壞力最強的肢體接觸方式。而要一個受到性侵害的人克服被害的陰影，與他人發生親密關係，可以想像是有多麼難。在經歷可怕的性侵事件後，要學習與人發展出健康的性關係、知道性與愛的關係、信任與扶持，有很大的障礙要克服。這是一大難關，也是漫長的旅程。

所謂親密關係有幾種講法，其中一種就是「發生性關係」：兩人以一種特別親密的方式來扶持對方。如果人們不知道相互扶持的意義是什麼，要他們懂得怎麼用性來扶持對方，難度就很高了。如果人們過去的性經驗大部分與性侵害有關，要知道什麼是親密關係就更難了。

## 把負能量趕走

有兩個方法可以幫助我們改善兩性親密關係。一是如果我們曾經遭受性侵害，要尋求援助。把它寫下來，講出來，把這個秘密說出來。把羞恥與罪惡感還給加害人，不要獨自承擔。如果我們曾經遭到性侵害，錯不在我們。如果羞恥與罪惡感縈繞不去，寫一封信給加害人，把這種感覺寫下來，還給對方。如果你知道加害人住哪裡，很想把信寄出去——如果你覺得這樣做不會有安全問題，如果你背後有人撐腰，就把信寄出去吧。不能寄的話，信寫完以後就把它燒了，表示摧毀負面的能量。把負面的能量趕出你身上，趕出你家。

二是親密關係只要結合了扶持與性關係，就是天賜的禮物。有的人以為唯有發生性關係才能贏得對方的愛，有的人則是學會「離開自己的身體」。換句話說，他們知道如何在發生性關係時把自己抽離，不去感受身體的觸摸。性侵受害者往往很擅長離開自己身體。離開是一種保護自己的方式，讓自己不會精神崩潰，繼續活下去。

「在我過去六年婚姻生活中，我的先生很少碰我，」一位女子說。「他碰我的時候，我會覺得很噁心。我會離開自己的身體，我小時候就是用這個方式，過程中發生什麼事，我完全沒感覺。我以前常常受到性侵害，要我離開身體很容易。我和他離婚以後，逐漸改掉這樣的行為，但是要我學會與他人發生健康的親密關係而不離開自己的身體，很難。」

我們要隨時感覺身體的存在。清楚觸摸帶來的感受。無論是我們觸摸別人或者被人觸摸，都要清楚是否違背自己的意願。如果是，要停止。

## 注意聽身體在說什麼

有時候我們會把性當作操弄他人的工具。我們可能為了贏得別人的愛或婚姻，把自己的身體給出去。如果這是我們自願，當然可以，決定權在我們。但是這樣利用性關係是不恰當的，因為它是天賜的禮物。如果我們懂得自愛，也懂得尊重自己的身體，我們就該清楚性是不能出賣的、不能作為交換或交易的籌碼。

我們的身體是有智慧、有知覺能力的。注意聽身體在說什麼。我們想要觸摸某人嗎？我們想要被人觸摸嗎？我們是不是遇到某人就會閃避、退縮？如果有人觸摸我們的手臂，我們會不會縮到一旁？平時要注意身體在說什麼，不要等到發生性關係才注意。只要我們注意聽，就會知道身體會傳遞明確的訊息。如果我們不想與某人，或者不想在什麼時間發生性關係，沒有人可以勉強我們。

要隨時注意身體的感覺，這樣我們才知道自己想要什麼、不想要什麼、喜歡什麼、討厭什麼。如果我們能夠察覺自己不喜歡什麼樣的觸摸方式，即便我們正與他人發生性關係，也可以中途喊停，絕不嫌晚，要傾聽、尊重自己的感受。無論對象是朋友、情人或者侵入式治療，絕對不要勉強自己的身體忍受侵害性、不當的、違背個人意願的觸摸方式。如果我們不喜歡被人抱在懷裡，也可以拒絕。

不管身體對我們說什麼，都要尊重它。它可能在告訴我們別人在撒謊、不可靠，或者不喜歡我們。它可能在告訴我們，我們不喜歡那個人。但是如果我們不肯聽，我們就聽不到身體在對我們說什麼。身體是有智慧的，要注意聽。

除了與他人發生親密關係的場合，我們平時就要注意身體在跟我們說什麼。身體會告訴我們，我們待在某人的家、車上或餐廳裡，是不是很自在。有的人經常逼自己遇到不愉快的場合要忍，造成我們習慣性忽略身體傳遞的訊息。我們已經養成習慣，在生活中處處逼自己忍耐。我們這樣做就是不尊重身體，和那些當初欺負我們的人沒有兩樣。我們要學習善待自己的身體。我們要保護、重視自己的身體，讓身體成為我們信任的好朋友。

## 不要太早卸除防線

通常過早與他人發生性關係，很可能會阻礙男女關係未來的發展。我們還沒與對方建立起信任關係，就與對方發生應以信任為基礎的親密關係。這樣是逼迫身體接近它陌生的對象。

不要輕易讓自己受到傷害，或太早卸除防線。否則，其中一方或兩人事後可能會很尷尬，因為兩人還沒準備要走到這一步。

肢體接觸是人類最美妙的感官經驗。觸摸有療癒的效果，它能給人安慰與扶持。它所能傳達的跟言語一樣豐富。如果與他人產生肢體接觸覺得不舒服，一定要停止。

## 當做是最後一次把對方抱在懷裡

性關係不只是身體的互動，它是一種身體心靈的經驗，結合了扶持、坦誠、全心投入、專注、信任、尊重與愛的元素。

如果我們已經很久沒有性關係，何時才會想要與他人產生性關係，沒人知道。我們永遠也不會知道哪一次會是我們最後一次與他人發生性關係。生命中的人來來去去。重要的是，我們的身心都要投入；每一刻都要過得有意義。我們只能和自己喜歡的人發生親密關係，要全心投入——為自己，也為我們的伴侶。因為或許這是我們最後一次將對方抱在懷裡。

1. 治療過去

如果你曾受到侵犯，你有沒有處理受害的經驗？如果沒有，那段經驗還不算結束。找人諮詢。或者，如果你覺得自己很堅強、不會受傷，那你可以把這段經驗寫下來。如果這樣會引出很多問題，請找專業人士幫忙。如果別人說你被侵犯了，態度很肯定，但你卻完全沒有印象，這時你要小心。有的人確實會壓抑性侵害的記憶。有些人很容易受到暗示，不當的心理諮詢會誘導我們在大腦植入不存在的事件。要確定真有此事才能指控別人，因為指控會帶來嚴重的後果。決定怎麼做之前，事先尋求專業的協助，慎重思考。

2. 注意肢體接觸與親密互動時的感受

發生親密關係時，要觀察、注意身體的感覺。如果我們的伴侶同意的話，花點時間做些無關性關係的肢體接觸，像是互相按摩、摸摸對方的手、揉揉對方的頸部。全身上下都能營造親密關係、感官歡愉與性慾。要養成觀察的習慣，注意發生親密關係時，觸摸帶給你什麼感受。

### 3. 與伴侶聊聊性

我們可以與自己的伴侶直接討論性嗎？即使我們覺得性這個話題聊起來很不自在，還是要與對方談談自己的感受。當你對兩人的性生活不滿意時，這件事尤其重要。如果一方很想發生性關係，但是另一方不想，性慾強的一方會不會覺得自己在強迫對方？這種不對等的情形，可能會引發憤恨情緒。性，是一個敏感話題。我們要鼓起勇氣說出自己的感受。如果我們對性生活很滿意，何不把這種感覺告訴對方？聰明人知道如何在不說一句話的情況下，引導對方做個理想性伴侶，不用經常嘮叨，也不會引得對方反彈。

# 第二十章 信任

## 相信自己

當我們夢想破滅，遭人背叛，很容易對上天、人生、自己、他人失去信心。但是，我們判斷的標準是什麼？「這段感情吹了，」我們會這麼說。「這段關係走不下去。」確定是這樣嗎？再仔細想想。我們很少仔細想想自己學到了什麼，就直接做出錯誤的結論，像是「不能相信任何人」，「世上沒有可靠的人」，「愛情這種東西不存在」等等。不要太快下結論。有時候問題不是出在我們沒有從中學會道理，而是我們學到的是負面的道理。

我們可不可以換個角度看人生？可不可以不要把人生切兩半，只有成功與失敗，而是把人生看成一連串學習經驗的組合——就好像我們先取得學士學位，再拿碩士、博士學位一樣？只要改變觀點，我們就會再度相信生命與自己。我們會發現，無論發生什麼事，都是有原因的。

## 保持敏銳的心

想也不想就相信別人，是一種不夠成熟的表現，不太健康，也很危險。我們今天可以信任這個人，不代表明天還可以相信這個人。人很善變。形勢所需，人什麼事都做得出來。所以覺察力很重要。我們會知道誰可以信任、何時可以信任他人、為什麼要信任這個人。我們也會收到禁止前進和警告訊息，但是我們要專注才接收得到。

如果不確定這個人可不可以相信，多聽聽別人的意見。不要盲目相信別人，誰都不行。人類值得信賴這種說法是不可靠的，就連位高權重的人也不能相信。但是我們可以相信上天和生命，相信自己在活著的每一刻，都有一顆敏銳的心。

信任，不表示我們想要什麼就能得到什麼，不表示我們不會受到傷害，也不表示我們不會生病。時間到了，每個人都會死。信任的意思是，我們願意活在危險邊緣。這種心態很像高空跳傘。我們走到飛機門邊往下探——距離地面三千八百公尺，準備從空中往下跳，背上那張薄薄的傘布會幫助我們安全降落地面。

## 信任是一種選擇

許多人已經失去天真的一面。這樣很容易對生命、上天、自己失去信心。明早醒來，到了晚上我們的世界可能已經變了樣——變成我們不喜歡的模樣。我們可能失去最愛的人、被出賣或者被傷害。有時我們不確定生命是不是還眷顧我們。我們什麼東西都囤積——食物、衛生紙、愛、金錢。誰知道明天會發生什麼事——或許什麼事也沒有。萬一上天或生命決定不理我們了，該怎麼辦？我們知道什麼事都可能發生，但只有上天知道是怎麼一回事。

但我們也用不著把信心收回來。我們需要建立另一種信念。一般人的信念是：「做好事得好報。」這種信念是不夠的，我們需要建立積極的信念。積極的信念就是保持覺察。我們知道什麼事都可能發生，但我們還是相信上天，還有自己。

我們知道人生不會事事如意；這就是人生。人生不是二分法——不是好事就是壞。人生，什麼事都可能發生。我們或許遇到了困難，覺得自己再也快樂不起來，但快樂是找得回來的。

信任不是一種感覺，它是一種選擇。

## 1. 找一本剪貼簿或日誌，把情緒的高低起伏記錄下來

如果我們出現信任危機，寫下是哪些事件讓我們不再信任對方。然後再寫下有哪些事可以證明，我們相信生命、上天與自己是有道理的。寫下來你什麼時候知道有股力量在指引自己、知道自己並不孤單。此外，從雜誌剪下能夠說出自己內心感受的照片、插圖、一段話，貼在剪貼簿裡。不管心情好或壞，都要在剪貼簿做記錄。情緒來時不要抗拒，利用剪貼簿抒發情緒，然後收在安全的地方。

# PART 3

# 認識自己，與自己連結

前面我提到本書有評量測驗，以及如何使用評量。後來也提到評量的重要性。本書評量設計的用意，在於幫助大家評估自己的情緒健康狀態。只要覺得被困住了、很困惑，或者想要確認自己的情形，就可以找個評量做做，或者全部做。大部分評量題目兼具鼓勵功效。做評量能夠有效幫助我們生活回到正軌。

評量結果無關對錯，這些題目主要是幫助我們覺察自己的情況如何。改掉否認的習慣，是我們最難克服的障礙；其次就是了解自己怎麼了。這些評量可以幫助我們評估自己目前的狀態。

# 第一章　情緒健康評量

## 評估情緒健康狀態

閱讀完每一個句子後，從0到10替自己評分。

0分表示否定、絕對不是、完全不是

1分表示幾乎不是、極少

2分表示很少

3分表示偶爾

4分表示有時候，但是次數不及一半

5分表示持平

6分表示肯定比否定的次數還多

7分表示算得上經常

8分表示經常

9分表示肯定、常常這樣、幾乎都是這樣

10分表示極為肯定、總是這樣、絕對這樣

當你做完這個評量，把分數加總，接著做下面的評量。

1. 我很清楚自己的感受，我能感覺自己的感受。要了解自己的感受或許要花一點時間，但是我能明確說出自己有什麼感受，也知道怎麼面對這些感受。＿＿

2. 需要好好感受情緒的時候，我會全心投入。只是活著就好（生活只是做做樣子，不曉得自己在做什麼）是不夠的。有了感覺與經驗，生命才會多彩多姿。＿＿

3. 我允許孩子表達自己的情緒，不會讓他們因為恐懼、失望或受到傷害而掩飾情緒。學習處理情緒對於身心健康很重要。＿＿☆

4. 我在關心別人的同時，可以做到不讓別人用情緒控制或操弄我。＿＿

5. 告訴別人哪裡做錯不是我的責任，我只要知道自己的就行了。我不會因為別人待我的方式讓我感到生氣或受傷，就故意讓他們嚐嚐這種滋味，好讓他們知道我的感覺。＿＿

6. 當別人談論自己的感覺時，我會用心參與，不會試圖糾正別人的感覺。＿＿

7. 與其把時間用來否認情緒，不如多多感受情緒。感受情緒沒有那麼令人難熬。＿＿

8. 我會感受情緒的存在，以免情緒失控。＿＿

9. 我不會無止盡地吸收別人的情緒，我會保護自己不受他人情緒影響，不會把別人的情緒變成我的。＿＿

10. 如果情緒作用太強烈，我處理不來，我會分散自己的注意力或尋求協助。＿＿

☆如果你沒有孩子，第三題給10分。

情緒評估總分：＿＿

**提醒：用評量鼓勵自己**

除去那些對自己不適用或者不想用來鼓勵自己的句子，評量題目裡的句子是兼具鼓勵的功用。請善加利用評量題中得到10分的句子。不具鼓勵功用的句子會以星號標記。

有人說，具鼓勵功用的句子應該只包含正面積極的內容。也有人說，這些句子有助於消除負面的想法。這兩件事，評量題目的句子都辦得到。如果你認真實踐這些評量題目的句子，它們就會發揮效果。

挑選幾個評量題目的短句，一天大聲唸三次，唸三個星期。文字說出來會形成一股強大的力量，讓改變成真。

## 複選題

閱讀每個句子的上半部，然後從選項中找出最適合你的敘述，完成下半句。

**1. 強烈的情緒反應通常是**

(1)面臨創傷的自然反應。

(2)當下的情緒和壓抑的情緒被過往經驗引發所致。

(3)喝酒或其他成癮者反應過度的表現。

(4) 一種警告，表示出現 HALT 狀況。（HALT 為四個字的字首：飢餓 Hungry、生氣 Angry、孤單 Lonely、疲憊 Tired。出現這四種情況，表示我們需要停下來。）

(5) 綜合以上。

**2. 當我們告訴別人他們的行為傷害了我們，可以預期的是**

(1) 對方會停止傷害的行為。

(2) 會與我們爭論。

(3) 他們會對我們說，我們以前哪些行為傷害了他們。

(4) 我們會聊聊自己的感受，這是照顧自己的方式。

(5) 不只上述選項。

**3. 心裡很痛苦但是很能忍耐的人通常意味著**

(1) 我們是情緒健康狀況非常良好的人。

(2) 我們長期活在痛苦中，可能受虐。

(3) 我們相信自己受苦是應該的。

(4)我們不會發牢騷，也不抱怨。

(5)選項(2)(3)都正確。

**4.「沒有痛苦就不會成長」的意思是**

(1)這種說法只適合運動員，我們不能用這種態度面對感覺。

(2)用這種心態看待情緒，大致正確。痛苦是成長的動力，但不是唯一的動力。

(3)人們最佳的學習方式。

(4)習慣受苦的人留下來的錯誤觀點。

(5)這句話只適用那些無法用別的方法學習成長的人。

**5.回顧過去，把以前壓抑的情緒釋放出來**

(1)表示我們過去一直活在受害者的陰影下。

(2)表示人們逃避現在。

(3)很浪費時間，過去的已經過去了。

(4)感覺很不好受，但是很重要，因為很多人快樂不起來的最大障礙就在這裡。

(5)綜合(1)(2)(3)。

複選題的計分方式如下：

第一題 選(1)(2)(3)(4)得五分＿＿，選(5)得10分＿＿。

第二題 選(4)得10分＿＿，其他選項0分。

第三題 選(2)(3)(5)得10分，其他選項0分。

第四題 選(2)得10分，其他選項0分。

第五題 選(4)得10分，其他選項0分。

複選題總分：＿＿

## 是非題

閱讀完每一題的敘述後，認為正確的請打勾，錯誤的請打╳。

1. 該哭就哭，該笑就笑。愈是嚴肅的場合，愈凸顯幽默感的重要。＿＿

2. 情緒來時我懂得怎麼順服情緒，過後就放掉情緒。＿＿

3. 我知道憂鬱、難過、悲慟三者的差別在哪裡。我不會把憂鬱和難過混為一談。如果我有憂鬱的問題，我會面對它，不會埋在憂鬱裡。

4. 即使我的情緒是別人造成的，我也能接受為自己的情緒負責任。我也會讓別人替他們的情緒負起責任。無論什麼人發洩情緒，我都不會介入，讓別人為自己發洩情緒負起責任。＿＿

5. 無論在生活中、工作中、社交場合，或參加任何團體，我都能安全地、自在地感受自己的情緒、抒發情緒。＿＿

6. 我小時候就懂得怎麼安全地、自在地感受自己的情緒、抒發情緒，因為家人鼓勵我用健康的方式抒發個人情緒。☆

7. 我沒有用吃東西、吸毒、埋入工作、血拼、縱欲過度做為療癒的手段。我不會逃避痛苦的感覺已經很久了。＿＿

8. 情緒隱約快要爆發的時候，我會感覺出它的前兆。我知道情緒發洩會經歷哪些階段。＿＿

打勾的題目得10分。

是非題總分：＿＿

☆如果第六題你的答案是打勾，這段文字不適合鼓勵自己。

現在，把情緒評量三大項目的分數加總。

第一部分情緒評估：＿＿

第二部分複選題：＿＿

第三部分是非題：＿＿

總分：＿＿

**分數範圍 220~230**

你太完美了，不可思議。你如果不是很會否認，就是很困惑。多花點時間，利用評量題目的敘述好好觀察自己，重做一遍評量。如果最後分數和你的自我觀察相吻合，那恭喜你！

**分數範圍 190~219**

你是個情緒非常健康的人。你如果不是對自己下了很多功夫，不然就是來自健康的成長環境。你和別人一樣，知道自己有什麼感覺。一個這麼擅長處理情緒的人，肯定下了很多苦功。做得好！繼續保持下去。

**分數範圍 160~189**

你要練習肯定自己，對你會有幫助的——你可以讀讀本書與情緒有關的篇章，做做我們建議的練習。你的分數會這麼高，一來表示你過去應該下了不少功夫，二來反映你的成長背景。恭喜，你是個能夠覺察情緒變化的人。

**分數範圍 130~159**

你要注意自己的感覺，不然可能會出問題。你要練習肯定情緒的存在，好好讀這本書，完成下個部分的練習題。能夠覺察情緒，你會感覺好過些。

**分數範圍 100~129**

亮紅燈了！你已踩進互依成癮的區域了！練習肯定自己，做做書中的練習題。拒絕面對自己的感受——尤其是痛苦的感受，會傷害你。在經歷過創傷、或其他成癮問題以後，你必須努力找到自己的感覺。感覺自己的情緒，你會有收穫的。你會找到重心、自由、快樂與寧靜。

## 分數範圍 0~99

你的情緒狀態拉警報了。想辦法讓你的感覺活過來。好好讀這本書，做做活動練習，不要再替別人的情緒操心了。把注意力放在自己身上。只要把埋藏已久的情緒喚醒，你會發現自己不知不覺中已經療癒。

# 第二章　憤怒評量

## 評估你的憤怒指數

和前面一樣，以0分到10分作為評分標準。

1. 我很會處理憤怒。生氣的時候，我會知道。我也知道生氣不是壞事。是不是氣得有道理，我感覺得出來，不會有罪惡感。我可以在不傷人的情況下，溫和表達自己的憤怒。＿＿
2. 當別人對我做過的事適當表達憤怒，我傾聽時不會翻臉或覺得被侮辱。＿＿
3. 我不會靜靜閃過正在發脾氣的人。我不准別人用威脅、恐嚇或者發怒來控制我。我不准別人欺負我。但我也不會把所有發脾氣的行為硬說是「欺凌」。我的原則是：不許別人傷害我，我不傷害別人，我不傷害自己。＿＿　☆☆☆
4. 我不會用發脾氣來威脅、恐嚇、控制他人。如果我管不住自己的壞脾氣，我會尋

求協助。＿＿ ☆☆☆

5. 我會定期檢查自己累積多少怒氣。只要發現怒氣的存在，我會盡快把怒氣放掉。＿＿

6. 雖然小時候沒人好好教我發脾氣時怎麼妥善處理，我自己學。我不會無意識地重複這種對自己沒好處的行為。我現在懂得怎麼處理怒氣。＿＿

7. 我知道有感覺和有所行動是不一樣的。我感覺自己在生氣，但不會發作。我有報復的念頭，但不會採取行動。＿＿

8. 我希望別人生氣時能夠坦白說出來，不要否認、冷戰、散播謠言，或者報復。我希望別人誠實對待我，我也會用這種方法待人。＿＿

9. 感覺自己的情緒時（尤其是憤怒），安全很重要。如果某種場合讓我沒有安全感，我會離開。＿＿

10. 感受憤怒的情緒與原諒對方，這兩件事都很重要。但我不會很快原諒對方，我會先感受自己的怒氣，看看它希望我學到什麼。＿＿

情緒評估總分：＿＿

請注意：如果你現在正遭人虐待或者你正在虐待別人，現在趕快尋求專業協助。如果你面臨立即性的危險，打電話報警。

☆一顆星表示如果題目敘述的內容不是真的，或具有負面意義，不要拿來作為肯定自己的用語。

☆☆兩顆星表示如果題目敘述的內容對你不適用，用另一種方式計分。

☆☆☆三顆星表示現在趕快採取行動！

## 複選題

從選項中找出最適合你的敘述，完成下半句。

**1. 當我生氣時，**

(1)我會閉上嘴巴，或者從一數到十，如果這樣還不夠，就數到一百。心平氣和才知道該怎麼做。這樣我才不會做出讓自己後悔的事，我的力量會更強大。

(2) 我是那種生氣自己卻不曉得，不然就是生氣會有罪惡感的人。生氣過後，我會無意識地想報復對方，或者製造或小或大的偶發事件來發洩情緒。

(3) 我要大聲說出自己的感覺，心情才會平靜，才會忘了這件事。這是我為別人、為自己挺身而出的方式。

(4) 我會失控，不曉得我會做出什麼事。

(5) 我永遠是贏家。

## 2. 如果有人想要找我比比誰的力量大

(1) 我會贏。

(2) 我不會參加。這種遊戲沒意思，沒有人是贏家。

(3) 我會退出，因為我的罪惡感很重。

(4) 我會認真比劃，但能力不足以贏過對方。

(5) 我會和對方較量，但只要發現這樣做是傷害自己，我不會繼續玩下去。

3. 如果有人對我發脾氣，我想報復，這時我會

(1) 祈求上天保佑那個人，等我心情平靜下來就好了。

(2) 氣很久，但是心情最後會平靜下來。

(3) 因為生氣感到內疚，也很想報復。

(4) 想盡辦法傷害讓我氣炸的那個人，說到做到。有人說，「不要動怒，報復最快。」這兩件事我都做。

(5) 可能是(1)加(2)，也可能是(3)。我不是聖人，但我的目標是釋放怒氣、採取適當行動，然後原諒對方。

4. 如果我很氣某人，而這個人恰好特別讓我很難發脾氣，這時我會

(1) 寫下來但不會寄出去，也不會找其他管道抒發怒氣。

(2) 不承認自己生氣，最後終於大發脾氣。

(3) 看心理治療師。

(4) 和那個人不會撕破臉，但是把感覺放心裡。最後我會把心裡的垃圾清掉：我可能原諒對方，也可能問自己是否還想要這個人繼續出現在我身邊。不管我決定如

何，我都學到了一課，我的方法有用。

(5) 以上選項有些做到，或者全部做到。

**5. 如果有人對我亂發脾氣，我會**

(1) 建立界線並確實執行。我不想看到情緒化場面，也不想被虐待。

(2) 控告對方。我們只要讓別人欺負自己一次，等於同意對方以後都這樣對我們。

(3) 很害怕，然後馬上忘了這件事。☆☆☆

(4) 考量當時情況和原因。如果對方當時正陷入某種困境，也沒有欺負我，我可以不計較對方不當的行為。這個人可能只是需要聽眾。

(5) 可能會採取(1)(2)(4)的做法，並且照顧好自己。每種情況是單一個案。

複選題的計分方式如下：

第一題 選(3)得5分＿＿，選(1)得10分，其他選項0分。

第二題 選(5)得5分＿＿，選(2)得10分，其他選項0分。

第三題 選(1)(2)(5)得10分，其他選項0分。

第四題 選(1)得5分，選(3)(4)(5)得10分，選(2)得0分。

第五題 選(1)(2)(4)(5)得10分，選(3)得0分。請注意：如果你目前正被人欺凌，馬上尋求協助！

複選題總分：＿＿

## 是非題

閱讀完每一題敘述後，認為正確的請打勾，錯誤的請打╳。

1. 只要遇到朋友或＿＿（是什麼人，自行填入）發脾氣，就不知道該怎麼辦。＿＿☆
2. 我們會生一般人的氣，也可以生上天的氣。＿＿
3. 我們「親吻然後和好」的時候往往發生關係。＿＿☆
4. 當我察覺自己在生氣，察覺到自己應該從中學到什麼，怒氣就消了。我不需要用

憤怒保護自己；我可以做到建立界線，不用發脾氣。＿＿

5.「一報還一報」只會讓兩人失去理智。如果對方背叛我，我用劈腿報復對方，對事情也沒幫助——即便我暫時覺得佔上風。傷害別人等於傷害自己。也就是說，如果別人傷害我，我報復對方，我等於受傷兩次。＿＿

6. 我覺得偶爾起爭執沒關係，只要場面不會失控就好。吵架可以幫助我發洩情緒，但對方必須是可以聊得來的人。＿＿☆

7. 我寧可心平氣和、做事有效率，也不要發脾氣、爭輸贏。＿＿

8. 如果有什麼不好的事或怒氣衝著我來，我可以做到保持距離，不受影響。＿＿

如果你的回答和以下答案吻合，得10分。

1. 打勾或╳＿＿（這個問題的目在於提高覺察力。）
2. 打勾＿＿
3. 打勾或╳＿＿
4. 打勾＿＿
5. 打勾＿＿

6. 打勾或╳＿＿

7. 打勾＿＿

8. 打勾＿＿

是非題總分：＿＿

憤怒情緒評估評量（第4題適合自己才用）與複選題正確的答案可以用來鼓勵自己。

☆是非題第1、3、6題不適合用來肯定自己。

關於是非題第1題：有些人平時憤怒可以處理得很好，但是只要遇到某個人或者某個團體的人就不靈光。如果你也有這個問題，這一題給自己10分，因為你很誠實。能夠察覺問題就能接受問題，心就會平靜。

關於是非題第6題：要不要與人爭論，這是個人的選擇，只要雙方都有共識，且不涉及欺凌即可。但是爭論這種做法並不適合每個人。所以這題的敘述不適合用作自我肯定。

是非題第3題和兩人爭論的情形不太一樣。發脾氣和做愛沒什麼關係。或許你該問問自己，為什麼需要藉由發脾氣來「點燃」性慾。

現在，把憤怒評量三大項目的分數加總。

第一部分憤怒指數評估：＿＿

第二部分複選題：＿＿

第三部分是非題：＿＿

總分：＿＿

**分數範圍 220~230**

你如果不是很擅長否認，就是很清楚什麼時候該做什麼反應。題目再看仔細點，評量重做一遍。如果分數還是這麼高，恭喜你。憤怒是很棘手的情緒，你可以幫助別人變得跟你一樣厲害。

**分數範圍 190~219**

你很會化解憤怒的情緒。這很不容易。你可以跟人分享這樣寶貴的經驗。你處理憤怒的能力非常好。

**分數範圍 160~189**

你應該下了不少功夫，處理憤怒的能力才會這麼好，這也反映出你的成長背景。你還可以做一些肯定自我的練習。讀讀本書關於憤怒的討論，做做練習題。憤怒情緒來時你愈自在，你的心會愈平靜，力量愈強大。

**分數範圍 130~159**

你如果放著憤怒不管，以後可能會出問題。注意憤怒的感覺，無論生氣的是你還是別人。做些本書的練習題和肯定自我的練習。我們老是被人告誡生氣是「錯誤的行為」。許多人心裡很氣，尤其是那些被欺負的人。我們不承認自己生氣，是為了活下去。以前處理憤怒這個問題不安全，但現在不會了。該是找回平靜與力量的時候了。

**分數範圍 100~129**

好好讀這本書。做些與情緒和憤怒相關的練習。練習做到憤怒情緒來時也很自在。化解憤怒要下苦功，但是只要下苦功，就是邁向平靜之路。

## 分數範圍 0~99

你不能再漠視憤怒了。現在馬上處理這個問題！好好讀這本書，做些關於憤怒的練習。如果你漠視情緒和被欺凌有關，立刻尋求協助！憤怒通常伴隨哀傷、難過、恐懼、羞恥、罪惡感。你可以考慮閱讀一些與憤怒有關的書籍，或者參加憤怒管理的學習課程。如果憤怒不會支配你的生活，感覺會比較好。你絕對有理由好好發頓脾氣。但是，如果你能用穩當的方式把怒氣發洩掉、找到根本力量，你會變得和以前不一樣。

# 第三章　恐懼評量

## 評估你的痛苦、焦慮、恐懼指數

和前面的測驗一樣，用0到10分作為評估標準

1. 我擅長處理痛苦、恐懼、焦慮的情緒。雖然我不知道自己在焦慮什麼，但是我知道恐懼、痛苦和焦慮——包括恐懼社交，都是生命中正常的反應。＿＿
2. 每回只要想到一堆做不完的事、一堆必須完成的事，我又開始緊張起來的時候，我知道怎樣不讓情緒蔓延而把自己壓垮。我會放鬆，隨生命流動，我知道我一定會把所有該辦的事情處理好。
3. 我不會因為憂慮別人做的事、不會因為別人的行為會影響到我，就想控制別人。我不會因為憂慮而一直煩惱事情以後該怎麼解決。＿＿
4. 我在人生中曾經歷很多事，所以遇到真正的危機時，應變能力強，很冷靜。我懂

得把過去「負面的」經驗用在好的地方。＿＿

5. 我懂得順服、面對人們最常感到恐懼的事情，例如害怕孤單；害怕沒有錢；害怕老去、死去、被拋棄。我也知道如何面對自己內心的恐懼。面對恐懼，才能擺脫它的控制。＿＿

6. 如果恐懼是一種警告訊息，如果焦慮是要告訴我該注意什麼事，我分辨得出來。＿＿

7. 我不會想一堆「萬一」的事情製造不必要的恐懼。我不會過度擔心。我會把注意力放在當下，避免陷入焦慮。＿＿

8. 我願意體會難受的感覺，這是成長的代價。做從前沒做過的事，難免會恐懼。我不會讓恐懼擊倒自己，放棄自己應該做的事。＿＿

9. 我知道恐懼、焦慮、痛苦、煩惱、生氣，以及其他各種情緒之間的差別，它們都是過去被壓抑的感覺。當累積許久的情緒雪球愈滾愈大時，我不會把它們當作焦慮症發作。＿＿

10. 我清楚自己在恐懼什麼，如果不清楚也會放下恐懼，直到我看出自己在害怕什麼。我能夠讓自己鎮定下來，不讓恐懼控制自己。我不會因為恐懼而想控制他人、自己，還有生命。

情緒評估總分：＿＿＿＿

## 複選題

選出最符合自己的敘述，完成下半句。

**1. 當我害怕失敗的時候，我會**

(1) 否認自己害怕失敗，往往也失敗收場，因為恐懼是我做事的基調。

(2) 順服恐懼、釋放恐懼，這樣就能平靜地做事。

(3) 放棄，跟自己說我不在乎或者辦不到，這樣就不會擔心結果，也就是：知道自己會失敗。我會故意拆自己的台，用這種方式穩住自己。

(4) 想想自己希望得到什麼，然後放下，專心工作，不想結果。結果工作順利完成，因為我做事樂在其中。

(5)可能是(2)或(4)，或者兩者都有。

**2. 如果我怕自己的錢不夠，我會**

(1)暗示身邊的人我的經濟出現問題，希望他們幫忙。

(2)跟人要錢。

(3)寫一張支票，希望有一天可以兌領這張支票。

(4)支付基本開銷，能支出多少就支出多少，生活開銷會衡量自身經濟能力，同時也存一筆錢。我花錢不會打腫臉充胖子。

(5)囤積東西，自己過得一毛不拔，什麼都可有可無。

**3. 如果我害怕變老，我會**

(1)努力維持健康體魄，神采奕奕。我想辦法讓自己看起來很年輕，不會動整形手術。

(2)算了，外表隨它去。做那些有什麼用？

(3)買一堆美容產品，定期預約做整形手術。

(4)不說出實際年齡。

(5)把我的皮膚往後拉，看看做拉皮手術會是什麼模樣。然後我會順服自己的恐懼與限制。我會多想想年紀增長的優點。人幾歲就是幾歲。

**4. 如果我過度恐懼，無法正常生活，這時我會**

(1)靜坐冥想、寫日記、打電話給朋友聊聊我的感覺，做些事讓情緒穩定下來。我會試著了解為什麼恐懼，如果辦不到，不管它，還是要向前走。

(2)打電話給別人，拜託他們向我保證我害怕的事絕不會成真。

(3)我會服用安眠藥或者鎮定劑。

(4)打電話給心理諮詢專線。

(5)黏著某人不放，或者身體縮成一團在床上睡覺。

**5. 如果我因為太多事要處理，非常焦慮，這時我會**

(1)尖叫、狂躁不安、全面崩潰，什麼事也做不了。

(2)提醒自己量力而為，做不來的不用勉強。

(3)拜託別人幫幫我，因為要做的事太多了。
(4)身體不舒服、上床睡覺，希望事情自動全部消失。
(5)一邊做一邊覺得壓力很大，做完後病了一場。

複選題的計分方式，根據下方提供的答案計算。如果找不到相符的，給自己10分。
第一題 選(2)得5分____，選(4)或(5)得10分，其他選項0分。
第二題 選(4)得10分____，其他選項0分。
第三題 選(1)或(5)得10分，其他選項0分。
第四題 選(1)得10分，其他選項0分。
第五題 選(2)得10分，其他選項0分。
複選題總分：____

## 是非題

對於題目敘述，認為正確的請打勾，錯誤的請打╳。

1. 我會利用祈禱和靜坐冥想來放鬆自己。＿＿

2. 我不會讓過去的恐懼控制我。那種事以前發生過一次，不表示以後還會發生。＿＿

3. 只有心情平靜，才能把事情做好。害怕時，我會先處理焦慮感，再做事。＿＿

4. 恐懼會隱藏在各種表象之下，讓人說出「我不想做、我做不好、我不在乎」這類的話。人們會依附他人以獲取安全感，然後說這種依附的感覺是「愛」。有時候，人們會因為恐懼而陷入不健康的關係。恐懼會逼得人們做一些事。我不會讓恐懼控制自己。萬一恐懼真的控制了我，我會順服恐懼的感覺，盡快處理這個問題。＿＿

5. 我每隔一段時間會做些嚇嚇自己的事（或者嚇別人），但不會做得沒分寸。這樣做是為了訓練膽量、好好體驗生命，不被恐懼所控制。＿＿

6. 我不管和誰都處得來，做事專注，因為我喜歡這種環境，不是因為我害怕離開。＿＿

7. 我會順服恐懼的感覺、釋放恐懼，不會讓恐懼反過來控制我。＿＿

8. 如果我會恐懼與不自在，是因為我在嘗試以前沒做過的事、在做改變，我願意感受這種感覺。＿＿

打勾的敘述得10分。

是非題總分：＿＿

把恐懼評量三大項目的分數加總。

第一部分情緒評估：＿＿

第二部分複選題：＿＿

第三部分是非題：＿＿

總分：＿＿

**分數範圍 220~230**

你的心情真有這麼平靜？你是高手，還是不願承認？觀察仔細一點，評量重做一遍。

如果分數還是很高，恭喜你。

**分數範圍 190~219**

你很沉著。你很擅長處理恐懼——願意嘗試新鮮事，但行事不魯莽。你願意體驗不自在的感覺，你懂得改變的訣竅在哪裡。恭喜你！有機會請把你的經驗分享出去。

**分數範圍 160~189**

讀讀關於恐懼的章節，做做下個部分的練習。恐懼這種感覺很難纏，是人們產生控制欲的主因。好好處理自己的恐懼，但是不要被自己的分數嚇到了。你的表現距離完美並沒有很遠。

**分數範圍 130~159**

恐懼、焦慮、執著、煩惱和控制欲可能已經對你造成困擾。注意自己恐懼的程度、恐懼會逼得你做哪些事或逃避哪些事。讀讀關於情緒、強迫和控制欲的章節。把恐懼從你身上趕出去。幫自己鬆綁，放別人自由。

## 分數範圍 100~129

亮紅燈了！好好讀本書，做些練習——重點放在恐懼、情緒、強迫與控制欲。我們要面對恐懼、放下恐懼、順服恐懼，或勇敢走過恐懼。要冷靜，知道生命就是生命，不要怕做自己。你會得到上天的加持與指引。不要煩惱明天的事情會怎樣。

## 分數範圍 0~99

現在起要注意你內心的恐懼！好好讀這本書，做些練習題。把《每一天練習照顧自己》和《每一天，都是放手的練習》找來看看或重讀一遍。好好了解控制、強迫、平靜、恐懼、感覺是什麼。當恐懼不會控制你的生活、不會逼得你想要控制他人，你的感覺會好多了。

# 第四章　過度誇大與受害痛苦評量

我們這裡要談的是，過度誇大的行為如果失控，對自己與他人會造成不好的影響。我們可能因為感覺很麻木，需要一點過度誇大的情境與痛苦，讓自己有活著的感覺。有的人以為平靜、快樂與幸福，只能在電影和書本看到。你只要脫離互依成癮關係，平靜與快樂就會在你的生活中實現。

**小提醒**

目前正陷入深沉哀傷的人，先不要做這項測驗。等哀傷的感覺沒那麼鮮明，感覺沒那麼痛的時候，再回過頭來做這個評量。悲傷的情緒會影響評量分數的準確度。

如果你不確定自己是不是正處在哀傷階段（這是有可能的），做做本書關於失去與哀傷的評量。如果你覺得自己目前正在哀傷，你的感覺不會錯。現在要專心處理哀傷。你要善待自己、呵護自己。以後再回來做這項評量。現在該做的，就是好好對待自己。

## 評估你的受害痛苦與過度誇大成癮指數

和前面一樣，用0到10分作為評估標準。

1. 我的人生過得很有意思、很平靜；我盡可能把握人生的每一刻，活著不只為了追逐名利。如果有什麼事擾亂平靜的心，我會馬上處理這個問題。我現在知道，所謂的快樂，是一種心情常保寧靜的狀態，不是為了可能發生什麼「大事」而興奮不已。＿＿
2. 無聊時，我會找些有趣的事情來做，或者想辦法對目前正在做的事情提起興趣。＿＿
3. 我的日子過得快樂、滿足，充滿感激，不擔心天外飛來橫禍，也不會活在「暴風雨前的寧靜」的陰影下。＿＿
4. 我與他人保持距離，可以做到不麻痺自己的感覺、變得冷漠或者完全不理人（這是不健康的疏離方式）。我不會任由別人把我扯入他們混亂的生活中，害我覺得自己和他們一樣悲慘。＿＿

5. 遇到困難我會盡可能採迂迴策略處理，不會硬碰硬。＿＿

6. 我不會一直製造過度誇大的場面，不會無端找罪受。生命難免遇到逆境，但是我會積極找出解決之道。我不需要向別人證明自己對痛苦的耐力有多強。＿＿

7. 我的父母個性相當開朗。他們不會沒事製造過度誇大的場面，也不會沒事把自己弄得很痛苦。＿＿☆

8. 我說話會避免使用激動的用詞，「我等不及要告訴你發生了什麼事，真的很恐怖」這種話我不會說。我會先穩住自己，再心平氣和地說話。＿＿

9. 我不需要找人聽我訴苦，製造沮喪的情境。我不用把自己的痛苦傳給別人，自己就能平靜下來。＿＿

10. 情況緊繃的時候，它的嚴重性可能會被放大。但是我懂得區分小麻煩、能解決的問題、嚴重的問題、悲慘事件與世界末日之間有何不同——更何況世界末日根本沒到。當我認為狀況很危急時，那就是真的。＿＿

情緒評估總分：＿＿

☆第七題不適合用來肯定自己。

## 複選題

選出最符合自己的敘述，完成下半句。

**1. 如果有人說，看我的行為就像個過度誇大成癮的人，**

(1) 我會告訴他們，批評別人以前先看看自己。

(2) 我會看看自己有沒有像他們說的那樣。如果有，我會處理這個問題。如果沒有，我會想想他們為什麼這樣說。有時候人們會把最不希望在自己身上看到的特質，投射到他人身上。

(3) 我會與對方爭論，或者打電話給別人抱怨這件事。

(4) 他們說什麼我都相信。

(5) 我的做法可能是(1)或(2)。

**2. 出問題時，我會**

(1) 把時間用來鬧情緒，抗議出了問題，而不是找出解決之道。

(2)相信一切都是咎由自取。

(3)覺得很沮喪，滿腦子都是這件事，很害怕，後來我明白，可以祈求上天幫助我接受問題的存在，或者找到解決問題的方法。

(4)內心暗自高興，幸好發生這件事，我的生活才不會太無聊。

(5)很納悶，為什麼壞事會發生在我頭上，不是別人身上。

3. 在社交場合與他人交談時，我通常會談些

(1)對方最想討論的話題。

(2)自己的計劃、想法、理想等等。我聊天沒有固定的主題，每次聊不一樣的事。

(3)講別人的事，不談自己。

(4)同樣的事一說再說。我都講些自己心中反覆思索的事。

(5)可能(1)、(2)或(3)。

4. 當我心情不好打電話給別人時，別人會聽我說，但是不會變得和我一樣沮喪，這時我會

(1) 感謝他們幫助我平靜下來，沒有雪上加霜。
(2) 覺得別人不理我。他們如果在乎我，應該會有情緒反應。
(3) 想辦法讓別人和我一樣沮喪，逼得對方最後不是掛斷電話，就是陷入我編織的場景中。只要把我的痛苦倒掉，心情就會好多了，繼續過我的日子。
(4) 一直打電話給別人，直到有人變得和我一樣沮喪為止。
(5) 覺得有罪惡感，不該給別人帶來困擾。我很少打給別人，我習慣獨自承受痛苦。

**5. 如果我遇到一件事，未來發展可能很不樂觀，這時我**

(1) 會祈求、跟朋友談談、哭泣、很沮喪。我的情緒容易一發不可收拾，但我會努力振作，把事情弄清楚。
(2) 會等到情況明朗再說。萬一發生不幸的事，先弄清楚發生什麼事，再來哀傷也不遲。
(3) 相信一定會發生非常不幸的事，必須尋求朋友的支持。
(4) 會打電話給算命的人，或打電話給朋友，問問他們覺得事情未來會怎麼發展。我知道做這些都沒用，因為我只是不想再等候，希望不幸的事不會發生罷了。

(5)可能出現上述選項中所有行為。至於會出現哪一種，要看問題未來會有多嚴重。

不是所有情緒化反應都在做假。

複選題的計分方式，根據下方提供的答案計算。如果找不到相符的，給自己10分。

第一題 選(1)得5分＿＿，選(2)或(5)得10分，其他選項0分。

第二題 選(3)得10分＿＿，其他選項0分。

第三題 選(1)(2)(3)(5)任一得10分，選(4)得0分。

第四題 選(1)得10分，其他選項0分。

第五題 任何選項皆得10分。如何面對不幸事件，確實是一大挑戰。

複選題總分：＿＿

## 是非題

對於題目敘述，認為正確的請打勾，錯誤的請打╳。

1. 小時候的我和長大成人的我，一直都是情感麻木的人。我覺得生命充滿痛苦與問題。＿＿ ☆

2. 如果我心情沮喪時打了電話給別人，事後問題解決了，我也會打電話給對方。我不想把情緒垃圾倒在別人頭上以後，又沒讓對方知道後續。＿＿

3. 如果別人說自己最近諸事不順，我不會心裡暗自高興。我不需要用別人的痛苦來餵養自己的快樂。＿＿

4. 我知道想要過得平靜與快樂，要靠自己——而不是靠別人在做的事以及自己無法掌控的事。＿＿

5. 我漸漸找到「超越人類想像的一種平靜狀態」（或許是平靜找到了我）。我不用知道事情的全貌，就能找到平靜之道。只要順服每一刻、活在當下，提醒自己「這一刻也將成為過去」。＿＿

6. 我不會沒事故意把場面弄得很難堪。如果我反對的事是有道理的，我會心平氣和地討論。雖然我可能很堅持自己的立場，說話嗓門可能很大，但是解決問題的態度很少過度誇大。＿＿

7. 如果某人或某事經常帶給我痛苦，我會想辦法改善這種情形或者不管它，或者接受

自己無力改變一切的事實。我不想生活弄得亂糟糟。我知道平靜是很可貴的。＿＿

8. 我在享受平靜的同時，不會胡思亂想，擔心未來會發生恐怖的事情破壞現在的平靜。我不是一個有「平靜恐懼症」的人。＿＿

☆是非題第一題不適合用來鼓勵自己。

如果你的回答和以下答案吻合，得10分。不相符者得0分。

1. 打╳＿＿
2. 打勾＿＿
3. 打勾＿＿
4. 打勾＿＿
5. 打勾＿＿
6. 打勾＿＿
7. 打勾＿＿
8. 打勾＿＿

是非題總分：＿＿

把過度誇大與受害痛苦評量三大項目的分數加總。

第一部分情緒評估：＿＿

第二部分複選題：＿＿

第三部分是非題：＿＿

總分：＿＿

**分數範圍 220~230**

你如果不是稀有人類，就是必須把這項評量重做一遍。能得這麼高分的人很少，但也不是沒有。多花點時間仔細閱讀每題的內容。如果你知道這些行為已經內化成為你生活的一部分，不是你自己「想像」出來的，那恭喜你！

**分數範圍 190~219**

你是個無論人生遇到什麼樣的經驗，都能坦然接受的人，不會製造不必要的麻煩。你懂得放手，懂得保持適當的距離關愛對方，每個人都有自己的路要走。但你也有體貼的一面。你會認真聽別人說話，你的回應對他人是有幫助的。你能讓情況穩定下來。你活得有安全感，別人和你在一起也很有安全感。

## 分數範圍 160~189

你可以讓自己的心情更平靜，而且你應該辦得到——你已經做得很不錯了。好好處理情緒，相信生命、相信自己，做做第三與第五部分的練習，你會有收穫的。祈求、靜坐冥想也會有幫助。這個評量能夠拿到這麼高的分數，表示你確實做到照顧自己。過度誇大成癮的行為是最難改的。你要感謝自己現在能有這樣的表現。不要擔心該怎麼做，時候到了你會知道的。

## 分數範圍 130~159

小心，你的情形已經亮黃燈了。學習放鬆。把累積已久的情緒包袱丟掉，你就不用製造太多過度誇大場面和強烈的情緒反應，來感覺自己的存在。你不是生下來注定受苦的，人活著不是只為了忍受痛苦。你可以讓自己的感覺更好，你做得到。做做第三與第五部分的練習。練習祈求和靜坐冥想。你會慢慢走出過度誇大與受害痛苦成癮的習慣，走上平靜之道。

## 分數範圍 100~129

你要改變還來得及。情緒不要過度誇大，不要一直想不幸的事，好好處理互依成癮的行為問題，平靜與快樂就會來到。你的行為不用過度誇大，就能過好自己的生活。好好讀這本書，做做練習。找個相關的支援團體參加，如何？持續照顧自己，保持心情穩定的能力會愈來愈強。

## 分數範圍 0~99

我不會跟你說，這個分數代表你的情況很不妙，因為你最喜歡聽這種話。放鬆，呼吸。這是學習邁向平靜的第一步，我們都是從這裡開始的。你現在才正要發現，做自己的感覺有多好。你的行為不用過度誇大，就能感覺自己是活著。好好讀這本書。花點時間好好做練習。參加支援團體對你會有幫助的。當你四周的牆──你一手打造用來保護自己的牆──逐一倒塌時，你的感覺會愈來愈敏銳。當你受傷時，不再覺得那麼痛；以後會讓你煩心的，都是真正需要處理的問題。平靜會與你相伴。

# 第五章　罪惡感評量

## 評估你的罪惡感指數

和前面評量一樣，用0到10分作為評估標準。

1. 我不會被強烈的罪惡感與羞恥心壓得自己喘不過氣來。如果我關愛的人出了問題，我覺得那不是我的錯。我不會因為我無法做更多，無法活成別人想要的樣子，只能老實做自己，我的人生沒有驚人成就，就有罪惡感。——
2. 我不會因為自己的身分或以前做過的事，覺得很丟臉。如果犯了錯，我會修正。我會請求上天和被我傷害的人原諒我——如果這樣不會給對方帶來更多傷害。然後我會謝謝他們原諒我，我也會原諒自己。——
3. 我會原諒別人。唯有原諒別人，我才知道原諒是什麼。但是，我原諒他人不是為了餵養自己否認事實的習慣，原諒不表示我允許別人再次傷害我。原諒，是因為

我不想再當個受害者。它會幫助我找到力量。＿＿

4. 如果我現在做的事讓我有罪惡感，我會馬上停下來，重新評估自己的標準。如果停不下來，我會接受自己無能為力的事實。如果我活著是為達到別人的標準，我不會繼續討好別人。我會弄清楚自己的罪惡感是不是其他感覺的偽裝，例如：憤怒、恐懼或悲傷。＿＿

5. 我不會讓別人利用罪惡感控制我，我也不會利用罪惡感控制自己或別人。＿＿

6. 我處理罪惡感的方法如下：懺悔、宗教的指引，或者其他有益的儀式。如果我覺得有罪惡感，我不會否認。＿＿

7. 我發現我會把自己的罪惡感經驗當教材，用來幫助別人接受自己。當我告訴他們我的經驗以後，他們感覺會好很多，因為也有別人和他們一樣。坦誠與人分享經驗，正是這趟旅程的目的。＿＿

8. 如果某人做了不該做的事，然後想讓我背黑鍋，我不會掉入這個陷阱。我不會把對方的罪惡感扛在自己身上。＿＿

9. 我會去除因為罪惡感、羞恥心、某人對我說的某件事、我對自己說的某些事所造成的種種限制與束縛。無論束縛我的是金錢、工作、人際關係、愛情、健康，還

是成長，我會接受這些限制的存在。然後放自己自由飛翔，飛得愈高愈好。＿＿

10. 我不需要隱藏自己本來的樣子、做過的事、現在做的事。但是我也不需要對我不信任的任何人透露個人的事。＿＿

情緒評估總分：＿＿

## 複選題

選出最符合自己的敘述，完成下半句。

1. 如果我見過某人以後，覺得怪怪的、很困惑，這時我會

(1) 怪自己。認為問題一定出在自己身上，不是別人。

(2) 請別人告訴我該怎麼辦。

(3) 叫那個人不要莫名其妙地把問題丟給我。

(4)和那個人繼續往來——即便心裡知道事情不對勁。等我知道自己被利用了，我會很生氣。

(5)保持距離，弄清楚怎麼一回事，然後看看自己學到什麼經驗。如果某件事讓人覺得怪怪的，感覺通常不會錯。有時候這表示我們該離開了；有時候某些情形還有挽回的餘地。

## 2. 如果我犯了錯，我會

(1)負起責任，努力彌補過錯。

(2)很尷尬，愈陷愈深，最後終於承認自己錯了。但是認錯真的很難，因為我的罪惡感很重，我怕一旦認錯，僅有的這一點自尊也保不住，卻忘了自己犯錯在先。

(3)假裝沒事。

(4)打電話給所有我認識的人，找一群人站在我這邊。我有時會說謊，我會騙對方，說我跟我的治療師提起這件事，治療師覺得我是對的。如果連治療師都站在我這邊，我當然有理，怎麼可能講不過別人？

(5)可能會出現(1)、(2)或(3)的行為，但最後我會出來面對事實，盡力彌補過失。

**3. 如果我知道某人撒謊，但提不出證明，而那個人又不肯承認，這時我會**

(1) 相信對方。我的罪惡感很深，連自己都難以相信。

(2) 堅信自己沒弄錯。如果我只是稍稍覺得哪裡不太對勁，那是另一回事。但是如果我心裡很清楚真相是什麼，我根本不需要證明。

(3) 開始滿腦子都是這件事，想辦法當場逮到那個人做壞事。

(4) 把這件事放下，靜待指引。謊言傷不了我，等到證據出現，我會知道該怎麼做。

(5) 採取上述選項任一種做法。

**4. 如果有人做了一件讓我完全無法原諒的事，或者我做了一件自己無法原諒自己的事，我會**

(1) 盡量不去想起這件事，或者不讓這件事令自己太煩心。

(2) 努力做到原諒。我會鼓勵自己，不管什麼方法，只要有效，我都採用。我知道原諒很重要，我會努力做到原諒。

(3) 接受現實——我不能原諒，也不會原諒。我不能假裝原諒。接受這個事實，心情至少會平靜些。

(4)把這個問題交給上天。時間到了，自然會原諒。

(5)會採取上述選項任一或某幾種做法。

**5. 如果我和某人互相傷害，我會**

(1)賠不是——但前提是對方先道歉。

(2)不把對方做的事放在心上，為自己的過錯負起責任。

(3)起初覺得自己很有道理，然後決定退出戰局。這個做法讓我得到力量與平靜。

(4)看看誰表現得最差勁。如果是我，我會先賠不是。如果是對方，我會等對方先道歉，我再道歉。如果不管我怎麼做，對方的行為一直很惡劣，這時該說對不起的人不是我。

(5)道歉。即便我沒做錯什麼，我也會賠不是。我一直覺得有罪惡感。

複選題的計分方式，根據下方提供的答案計算。如果找不到相符的，給自己10分。

第一題 選(5)得10分＿＿＿，選(2)(3)(4)得5分，選(1)得0分。

第二題 選(2)得5分＿＿＿，選(1)或(5)得10分，其他選項0分。

第三題 選(3)得5分，選(2)(4)(5)得10分，選(1)得0分。
第四題 任何選項皆得10分。如果你選(1)，表示那個人傷你很深。你要善待自己。
第五題 選(2)或(3)得10分，選(4)得5分，其他選項0分。
複選題總分：____

## 是非題

對於題目敘述，認為正確的請打勾，錯誤的請打×。

1. 我願意承受罪惡感帶來的痛苦——每當我拒絕別人或對他人建立界線時，都會有這種隱隱難受的感覺。但是，我不會因為對別人說了他們不想聽的話而覺得內疚，便因此改變自己的界線。因為建立界線造成的陣陣內疚，不用多久就會消失。____
2. 我知道罪惡感會以各種不同型式表現。我懂得區分各種不同的罪惡感，譬如，違背自身原則帶來的罪惡感；我的表現不符合他人期待帶來的罪惡感；把別人的罪惡感扛在自己身上（例如：受害人因為被人欺凌覺得很丟臉，但是這種感覺應該是加害人要承擔的）；處於悲傷階段產生的罪惡感（例如：早知道就阻止這件事，早知道就那樣做或早知道不要那樣做）；隱藏在罪惡感外表下的其他感覺，例如生氣、恐懼、心裡受傷。不論我的罪惡感屬於哪一種，我的責任就是把它清掉。——

3. 如果發生不好的事，我知道這不是上天在懲罰我。——

4. 我以前（或現在）活在道德教條派的氛圍下。道德教條派對於是非對錯的要求非常嚴格，不留一點犯錯空間，不給人自由做自己。道德教條派的思想可能應用在職場、家庭、學校、組織團體——甚至支援團體。它利用罪惡感與嚴格的規定來規範人們，不鼓勵人相信自己。他們主張人只要遵守規定，就有尊嚴，犯了錯就失去尊嚴。這種思想會製造罪惡感，讓人活得不快樂，讓人們不再相信自己。——☆

5. 不管我說了什麼、做了什麼、有什麼想法、有什麼感覺，我都不用道歉，不會老覺得自己像做錯事的小孩。我能自在地做自己。我有犯錯的權利，我有從錯誤中學習的權利，我有原諒自己的權利，犯錯是我生命藍圖中的一塊。常常我覺得自己脫離常軌的時候，也是我覺得自己最像自己的時候。——

6. 如果我被欺凌了，我知道這不是我的錯。我不會覺得這是自己活該，繼續活在受害者的陰影下。我會把這種恥辱丟回給加害人，我不要把這種感覺扛在自己身上。—— ☆☆

7. 我沒有不可告人的秘密，完全坦蕩蕩——我的靈魂沒有任何污點。每個人都要為自己的行為負責。不管我做了什麼事，都值得原諒。我可以被原諒，我會被原諒。——

8. 如果我被騙、被人操弄或利用，我不會有罪惡感。知道事情怎麼一回事以後，我必須幫助自己脫離這種環境。世上不是每個人都是正直的好人。當我遇上這種人，我不會責怪自己。——

☆第四題不適合用來自我肯定。

☆☆如果第六題不適用你的情形，給自己10分。

如果你的回答和以下答案吻合，得10分。不相符者得0分。

1. 打勾＿＿

2. 打勾＿＿

3. 打勾＿＿

4. 打╳＿＿

5. 打勾＿＿

6. 打勾＿＿

7. 打勾＿＿

8. 打勾＿＿

是非題總分：＿＿

把罪惡感評量三大項目的分數加總。

第一部分：情緒評估＿＿

第二部分：複選題＿＿

第三部分：是非題＿＿

總分：＿＿

**分數範圍 220~230**

依我所知，除了大師以外，做人可以做到這麼沒罪惡感的地步，通常也沒什麼良心。你真的過得這麼心安理得？還是你的罪惡感太重了，必須藉由得高分來維護自尊？你願不願意把這個評量重做一遍？多花點時間觀察自己的一言一行。如果分數最後還是這麼高，你要教教別人沒有一點罪惡感是怎麼辦到的。

**分數範圍 190~219**

恭喜你！你是平凡人。你會犯錯，從錯誤中學到教訓，再把自身經驗用來幫助別人。大體而言，你懂得怎麼做自己。你不用別人教，就懂得怎麼忙裡偷閒享受人生，你懂得欣賞這個世界的美。做人能夠拋開內疚與恥辱，並不容易。你應該是下了很大功夫把罪惡感放掉，或許你來自一個充滿愛的家庭，或許你過去（或現在）很少遇到不如意的事。或許，你曾痛苦掙扎一段時間。但，這又如何？你表現得很好。

## 分數範圍 160~189

只要把罪惡感再多放掉一些，你會感覺輕鬆許多。你應該要好好欣賞自己，不要看輕自己。如果你曾被人欺凌，是個受害者，你一定下了不少功夫擺脫羞辱的感覺。我們會有罪惡感，不只是因為發生被人欺凌的不幸事件；我們一直把自己當成受害者，覺得會發生這種事是自己的錯，這也會造成罪惡感。把下個部分關於罪惡感的段落讀一讀，練習肯定自己，做做評量。願意原諒他人——原諒自己，並不容易。但是，這些話不用我告訴你，因為你自己已經學會了。

## 分數範圍 130~159

你的情形已經亮黃燈了。要小心！你的生活可能已經被罪惡感和羞恥心所支配。讀讀本書關於情緒與罪惡感的段落，練習肯定自己，做做評量。罪惡感會讓人失去行動力。現在起身向前走吧。需要修補的，就去修補。

## 分數範圍 100~129

罪惡感這麼重是很痛苦的。你是不是一天到晚跟人說「對不起」？還是你的防衛心太強，犯了錯也不願意承認？罪惡感太重會讓人沒了尊嚴，讓人很難愛自己。努力把罪惡感放掉吧。多多肯定自己，練習放下罪惡感和被害者的陰影，就能找到自己的力量。你會發現原來自己這麼有能力、這麼優秀。

## 分數範圍 0~99

喔喔！你最大的錯誤，就是背負太重的罪惡感。你的罪惡感有些是有道理的，有些和你沒關係。好好讀這本書。多多肯定自己，多做練習。要不要尋求專業協助或參加成長團體？你是不是失去了很多？你的成長背景是不是充滿道德教條派的思想？你是不是為了過去做的某件事，覺得很丟臉？（如果最後這個問題的答案是肯定的，記得，不是只有你一個人這樣。很多人都是這樣的，這個問題是可以解決的。）人們為了自己做過的某件事產生的罪惡感，有時嚴重到不可思議的地步。一步步慢慢把罪惡感丟掉。只要你不要把時間全用來懊悔自己為什麼是這樣的人，你會更懂得如何找到生活的樂趣、如何幫助別人。罪惡感已經跟了你太久，你好像不知道人活著還能有其他感覺——事實上，真有的。一個全新的世界正等著你參與。

# 第六章　悲傷與失去評量

## 評估你的悲傷指數

和前面評量一樣，用0到10分作為評估標準。

1. 我會為了兒時失去的一切感到悲傷——得不到的東西、失去的東西。我也會為了這些事影響成年以後的我而感到悲傷。但是我相信，過去的傷是可以撫平的。最後會沒事的。＿＿
2. 如果我兒時沒能得到某樣重要的東西，像是愛或安全感，不表示以前的我不配得到，也不表示現在的我也不配得到。我不會把失落感想成是自己的錯。＿＿
3. 我目前並沒有歷經什麼重大損失——譬如死亡、離婚、我們關心的人或自己有很大問題、被欺凌、與家人分離、生重病、被出賣、結束一段戀情、失去家庭、失去工作。＿＿

4. 我會努力體會悲傷的感覺，不會逃避，也不會否認自己的感受。我知道無論自己受到多大傷害，也不可以因此傷害別人或自己。＿＿

5. 如果我們一直想著失去的人事物，一直很想控制什麼事，因為我們很怕經歷失去的痛苦，這時我會好好疼愛自己。我知道揮之不去的念頭和控制欲，可能不只是互依成癮行為的表現，它也可能是人處在悲傷階段會有的反應。＿＿

6. 如果有人傷了我的心，我會讓傷口癒合，不會否認自己受了傷，或者不願再對他人付出愛。＿＿

7. 我懂得怎麼悲傷，知道自己目前處在什麼階段。我不喜歡失去的感覺，但我也不害怕悲傷。我不需要別人告訴我走出悲傷需要多久時間。我自己會判斷失去的是大是小。只要不會傷害別人，要怎麼悲傷那是我的事。＿＿

8. 處於悲傷期的人們通常會出現過度依附的行為。如果我卡在悲傷期不動，我會順服這種行為和藏在這種行為底下的感覺，幫自己走出困境。結果這種行為不知不覺中改變了。＿＿

9. 即便真相會傷人，我也寧可知道真相是什麼、面對真相。我也知道拒絕面對真相是一種緩衝機制，不是什麼「錯誤」的行為。陷入悲傷這段期間，我不會評斷悲

傷過程的是與非。____

10. 我會把生命帶來的改變，視為人生的一部分。____

情緒評估總分：____

## 複選題

選出最符合自己的敘述，完成下半句。

**1. 如果有人陷入悲傷無法自拔，也會傷害自己，這時我會**

(1) 聽對方說心事，盡力安慰對方。我在同情他人的同時，也能守住自己的界線。

(2) 跟對方說不要再自艾自憐了。

(3) 建議對方尋求專業協助，或者參加支援團體。

(4) 避開那個人。我不知道該對悲傷的人說什麼。

(5) 做上述選項任一或部分，也可能一項也沒有。怎麼做，要看情形。

## 2. 如果我一直很想哭，這時我會

(1) 請醫師開抗憂鬱藥給我。

(2) 順利忍住眼淚。

(3) 哭出來，管他當時我人在哪裡、正在做什麼。

(4) 等到獨處時再哭——真的忍不住才哭。我討厭掉淚。

(5) 做到(1)(3)(4)任一或者以上選項的綜合。我處理事情的方法並不一定。

## 3. 如果我正陷入深沉的悲傷，我

(1) 會寬待自己。我可能會自我封閉、生氣、避開討厭的人、抓狂、去旅行，或者尋求專業協助。我會順服人生的每一刻。如果我決定看醫生，一定會遵照指示。悲傷是一種重要的過渡期，不是那種令人難熬的等待期。悲傷會告訴我應該從中學到什麼。

(2) 會繼續往前走。這就是生命。

(3) 不理會這種感覺。我失去了很多，所以我知道傷心是正常的。

(4) 覺得自己因此有豁免權，可以喝酒、出現發洩情緒的衝動行為，或者傷害別人，因為他們擁有我所沒有的東西。

(5) 可能會採取選項(1)或(2)的做法。希望老天保佑我不會出現選項(4)的行為。我會用什麼方式表達悲傷，很難說。

4. 如果我正陷入悲傷，我的朋友

(1) 除非和我一樣失去同樣的東西，否則無法了解我的感受。

(2) 是我身邊最差勁的一群人。

(3) 最佳支柱。

(4) 在我心情轉好前，都會躲著我。

(5) 會運用他們知道的方法，盡可能幫助我。

5. 如果我正陷入悲傷，或者正好失去什麼重要的人事物，這時我

(1) 會找的第一個對象是上天。

(2) 會找的第一個對象不是上天。我很生氣。上天應該要阻止這件事發生。幸好，上天沒有拋棄我。

(3) 會找的第一個對象是父親或母親、精神導師、朋友、自己成年的子女、另一半、兄弟姊妹。

(4) 什麼人也不找。我把痛苦埋在心裡。

(5) 什麼人都找，只要願意聽我說話就好。

複選題的計分方式，根據下方提供的答案計算。如果找不到相符的，給自己10分。

第一題 選(3)得5分＿＿＿，選(1)或(5)得10分，其他選項0分。

第二題 選(3)(4)或(5)得10分，其他選項0分。

第三題 選(1)或(5)得10分＿＿＿，其他選項0分。

第四題 任何選項皆得10分。要敬重那些相處起來讓你很自在的人。

第五題 任何選項皆得10分。當你悲傷時，頭一個會找的人是誰，那是你的自由。如果有人——包括我在內——說你傾訴悲傷找錯人了，不要理會。

複選題總分：＿＿＿

## 是非題

1. 我要是有能力大幅改變自己的生活，我很清楚我要過什麼樣的生活。＿＿☆
2. 過去一年，我沒有什麼（令人滿意的）大轉變，但不是因為我卡在現狀。＿＿☆
3. 我目前正經歷所謂「人生另一階段」，譬如：畢業、結婚、生孩子、退休、當了祖父母、孩子離家獨立自主、搬家、照顧父母親、年老帶來的改變，或者進入人生某個階段。＿＿☆
4. 我悲傷的時候，不會馬上找類似的人事物彌補失去造成的空缺。＿＿
5. 有時候，我在心裡偷偷想過結束自己的性命。我不會真的自殺，但是一部份的我已經放棄生命了。我相信死後的世界比較好，這個世界爛透了。我努力想要變得更好，但是失去的經驗卻接二連三地來。失去的感覺一次比一次還痛。雖然別人失去的經驗比我慘痛，但我失去的未免也太多了。＿＿☆
6. 我不覺得忍受痛苦的能力很強有什麼好驕傲。我知道能夠順服並感覺年老的變化與當下的悲哀與傷痛，是很重要的。＿＿
7. 我被困住了！為了莫名其妙的理由，我不能隨心所欲改變自己。我老是做些自己不喜歡的事。我一直在等，希望未來有一天情況能夠好轉。

8. 我陷入深沉悲傷一段時間了。我不相信「愈挫愈勇」這種話，因為我又不是烈士。我失去得雖然比別人多，但是心情卻比別人平靜。我不會因為失去變得很刻薄。失去反而讓我更有同情心，我才得以成為現在的我。☆

☆是非題第一、二、三、五、七題的敘述不適合用來鼓勵自己。第八題如果符合你的情形，可以用來鼓勵自己。

這個測驗主要是評估你的悲傷指數，鼓勵的功用是其次。題目敘述的內容，主要是想幫助你發現自己以前沒注意到的問題。有時候我們不曉得自己正在悲傷，我們以為「人生就是這樣」。或許吧。但如果我們該悲傷就悲傷，我們的心情會平靜許多。

是非題如果是和以下答案一致，請給自己10分。

1. 打╳＿＿＿

2. 打勾＿＿＿

3. 打╳＿＿

4. 打勾＿＿

5. 打╳＿＿

6. 打╳＿＿

7. 打╳＿＿

8. 打勾或╳＿＿

是非題總分：＿＿

把悲傷與失去評量三大項目的分數加總。

第一部分：情緒評估＿＿

第二部分：複選題＿＿

第三部分：是非題＿＿

總分：＿＿

分數範圍 220~230

悲傷評量的目的，在於幫助你了解自己改變了多少——無論你是否滿意——這樣你才知道怎麼照顧自己最好。你的生命真的沒有任何改變、沒有失去什麼嗎？要不要再仔細想想？你如果不是受到幸運之神庇佑，就是在否認現實。如果重做一遍，你的分數還是一樣，表示你應該沒在悲傷。既然你沒有這個問題，重點就放在其他方面。

**分數範圍 190~219**

除非你有所隱瞞，否則這個分數顯示你目前並沒有經歷什麼特別的悲傷、失落或改變。如果你正處於這種狀態，那你現在是正要走出來。看來你似乎下了不少功夫處理過去的傷痛。別人應該會需要你幫忙。同時你要把重心放在其他有待努力的問題上。

**分數範圍 160~189**

這個分數表示你有些悲傷，也經歷了某些變化。情況或許不至於令人難以招架，但還是要給自己一點時間適應一切。找個可靠、了解狀況的朋友談談。如果有人正要走上你以前走過的路，你可以幫幫他們。幫助別人也能治療自己心裡的傷。你可能比分數比你高的人，更有資格幫助別人。你知道失去自己心愛的人事物是什麼感覺。你知道天旋

地轉、在痛苦與茫然中過日子是什麼感受。你會得到指引，你會找到方向。你有許多經驗可以與人分享

**分數範圍 130~159**

你目前處在黃色警戒階段，你很悲傷。如果你不讓自己感覺悲傷，悲傷可能會轉變成互依成癮行為。把上一個分數範圍的內容看一看，依照裡面的建議做，分數比這個低的建議也要看。心思要保持敏銳。要覺察自己的感覺——無論感覺空空的、茫然、生氣、難過或恐懼。留意哪些人的出現是來幫助你的，留意哪些人需要你幫忙。

**分數範圍 100~129**

啊啊——好痛！你如果不是受到傷害，就是感覺太麻木了。你要好好過人生，好好感覺悲傷。讀一讀分數範圍比這高兩階的建議，對你會有幫助，多少都有適合你的地方。善於處理悲傷情緒的人，測驗分數通常很低。你知道傷心是什麼感覺。你知道愛一個人不表示要把對方留在你的生命裡。生命是不公平的。該哭就哭，該生氣時要生氣，但是不要傷害別人或自己——也不要讓別人傷害你。會失去不是你的錯，即便悲傷會騙你，

說是你的錯（除非你違法真的有罪，被關起來）。不管過去發生什麼事，現在開始就讓生命把你塑造成一個心思敏銳、富有同情心的人吧。

## 分數範圍 0~99

你現在非常痛苦，不曉得你自己有沒有感覺。你可以考慮讀一讀比這個分數高出三或四階範圍裡的敘述。對自己好一點。不要對自己要求太多。一步一步來。人在悲傷時，有時會以為自己受到懲罰，會失去是活該。我們可能以為自己被欺負也是活該的。答案正好相反。你需要更多的愛。這趟旅程會帶領你到目的地。給自己一點時間。現在最重要的是療癒你的傷。好好讀這本書。做一些你感興趣的練習。可以考慮尋求專業協助，或者參加支援團體。他們會告訴你怎麼照顧自己。等你熬過這個階段，以後自然成為處理情緒的高手。

# PART 4

# 把感覺放下

# 第一章　發現情緒的存在

人們是在一九六〇年代發現情緒的存在。其實情緒已經存在很久了，但是情緒好比諾亞方舟上的動物，只剩少數幾種還沒被命名。（後來，許多人才發現，情緒也有成對的現象）。從那時起，情緒的重要性開始受到重視。人的行為會受情緒驅動。人們如果生氣，可能會大叫、打人、傷害人。人們如果傷心，可能會哭、躺在床上，甚至自殺。情緒會讓我們做好事，也會讓人做些莫名其妙的事，例如，談戀愛、變得很慷慨、憎恨心很強、報復別人等等，都有可能。如果我們不處理情緒問題，情緒就會反過來控制我們。

## 當下的感覺沒有對錯的分別

人類替情緒命名，從四種基本感覺開始：生氣、傷心、快樂、害怕。起先，女人以為男人只有幾種人類最原始的感受：飢餓、大小便、性衝動、疲憊。後來，我們才發現原來女人有的感受，男人也有。男人缺少的只是感受情緒的自由——生氣除外。男人會感覺生氣，是因為生氣代表有男子氣概。後來，四種基本情緒逐漸擴充。現在，情緒輪盤上各種情緒的彩度與亮度已經被找出來。但是，承認情緒的存在製造了一個問題：我們現在已經知道情緒的存在，這個令人頭痛的傢伙該怎麼處理才好？

自從潘朵拉的盒子打開以後，盒裡不好的東西全跑出來，只留「希望」在裡面。處理感覺只靠希望是不夠的。我們必須知道，我們當下的各種感覺沒有對錯，每一種感覺都很重要，但不明確。情緒會來，也會離開。我們要做的，就是學習怎麼讓情緒快點離開。

## 逐漸覺醒

人類處理情緒的方法不斷在演變。我們想知道自己為什麼來到世上，活著的目的是什麼。人生不是扮演好自己的角色就好。我們想知道自己為什麼會做這些事、為什麼會這樣做。我們逐漸覺醒。

為了解開情緒這個謎團，各種可行的治療方法和治療理論紛紛出現。阿爾伯特・艾利斯（Albert Ellis）發明的「理性情緒療法」（Rational Emotive Therapy）就是一例。他說，我們的想法會形成我們的感受。理性情緒療法的論點是站得住腳的，但如果情緒全是思想創造出來的，那感覺的問題就很好處理：換個想法就行了。但是轉換想法不見得有效。這就好像在問「先有雞還是先有蛋」一樣。誰先誰後已經不重要，因為蛋生出來就是生出來了。情緒的問題也是這樣。

## 感覺是有生命的

我們對自己的感覺知道得愈多，愈知道感覺有多重要。感覺只要被壓抑，就會成為障礙，讓人快樂不起來、行為異常、封閉自己的心，甚至可能影響身體健康。

我們以為只要對別人說他們什麼行為會讓我們有什麼感受，而這些人又很在乎我們，他們就不會再做出任何讓我們生氣、受傷和害怕的事。這種做法通常沒用。希望別人改變他們的行為，好讓我們不會產生某些感覺，這種做法和操弄、控制可以說沒什麼不一樣，很不妥。

有時候人們在看了很多年心理治療，花很多時間把自己的感覺說了一遍說了又一遍之後，有一天突然自己頓悟。把感覺說出來不但無法釋放情緒，反而造成反效果。一直說、一直想自己的感覺，等於把感覺不停放大，情緒愈來愈差。把情緒不斷放大，人也愈容易掉入情緒的無底洞。憤怒的情緒特別容易因為說出來而升溫。憤怒的感覺說得愈多愈生氣。要讓感覺消失，光說出來是不夠的。

## 被壓抑的情緒會在我們的身體住下來

露易絲・賀在《創造生命的奇蹟》一書中徹底改變我們看自己、看感覺的方法。情緒不只與想法有關，情緒和心理、身體、靈魂彼此是相關的。我們是一體的，我們是環環相扣的整體。被壓抑的感覺——沒釋放的情緒——會在我們的身體器官住下來。憤怒喜歡住肝臟，悲傷喜歡住肺臟。感覺本身不會製造身心疾病或裝病；感覺被壓抑才會讓人生病。內在小孩與原生家庭這兩個名詞提出的論點，在《創造生命的奇蹟》這本書得到印證：壓抑感覺、太在意自己的感覺、抗拒感覺、漠視感覺、提到感覺就很煩——不管我們怎麼做，感覺依舊留在我們心裡作亂，放出去才會沒事。

「處理感覺」的意思，就是把感覺從我們身上放出去。

我們不太曉得怎麼把感覺放掉，只能廣納各方意見，努力實踐。我們體會到的感覺愈多，就愈努力實踐。我們愈努力實踐，發現的感覺就愈多。我們寫日誌、接受治療、參加互助團體、不停說出自己的感覺。如果有什麼方法保證能把我們的感覺趕出去，那我也要學會！我們很想把感覺這東西搞定，好好過日子。我們好想找到世上最強效的情緒解藥。

## 無法逃避感覺

我們希望感覺處理好了就會發現寶藏。但事實是：沒有寶藏，只有另一種感覺。這個感覺接著另一種感覺，一個接一個。沒有寶藏，沒有情緒的解藥。這時我們才明瞭：

只要我們活著的一天，只要不壓抑情緒，我們的感覺就不會斷。有些時候，我們可能會同時有五種或十種感覺。即使壓抑情緒，我們的感覺也不會斷。壓抑只是否定感覺的存在，逃避無法避免的事。人類打開潘朵拉的盒子，發現我們是有情緒的。處理情緒的方法很多，隨我們用，但不管我們用什麼方法，感覺依舊一個接一個地來，一輩子不斷。

有的人在發現這個事實以後，變得憤世嫉俗；有的人很害怕。大家都累了。我們不想一輩子都在處理情緒。

而我們一直在兜圈子。

到底我們的感覺從哪裡來？我們要怎麼做，才能把情緒從我們身上趕出去，這樣我們的肺才不會喘不過氣，我們的肝臟才不會氣炸，情緒才不會控制我們。這個訣竅在哪裡？

## 關於感覺

完形治療法（Gestalt Therapy）是最早出現的情緒治療法之一，出現的時間和人際溝通分析法（Transactional Analysis）、理性情緒療法（Rational Emotive Therapy）差不多。完形治療法具有濃厚的佛教色彩，它的發起人與論述者認為，感覺我們的情緒，就是處理感覺的方法。融入情緒、向情緒臣服、與情緒合而為一、在情緒中摸索前進找出口，情緒最後會自行離開。這就是情緒要我們做的事——要徹底完全承認它的存在。一開始我們會覺得自己好像活在美國拓荒時期，路要自己開：要體會每一種感覺，需要很長的時間。但是，我們處理感覺的能力會愈來愈強，處理速度會愈來愈快——不會再像馬車走得慢吞吞，會像駕駛噴射機一樣快。

感覺情緒要怎麼做才不會太難受，以下提供一些建議。

## 釣後流放

把感覺放掉，就要學習「釣後放流」的技巧。以前的人釣魚，即便不打算吃魚，照樣把水裡釣起的魚兒通通帶回家。後來人們知道魚兒也是生命，如果不想吃魚就不該殺了牠，否則就是糟蹋生命。後來人們發明一種新式釣魚法，叫做「釣後放流」。我們抓到魚兒，貼上標籤證明自己釣了一條大魚，然後把魚兒放走。我們處理感覺就是要這樣。一旦掌握要領，兩三下就能把感覺處理好（但許多人需要更久的時間）。把舊有的感覺和想法放掉，生命就會教我們新的。前一個情緒走了，下一個接著來，想法也是這樣，生命的課題也是一個接一個。這種自然推移的過程就是心靈與情緒的成長。

## 徹底感覺情緒

抗拒、批判感覺，把它分成正面與負面，以及把感覺說不停，這樣只會把情緒的折磨做不必要的放大。例如，悲傷不是「一種」感覺，它是許多數不清的感覺，一個接一個，隨著不同的人生功課——關於生命、存在與死亡——而變換。情緒有這麼多種，但是感受情緒的過程幾乎完全相同。人類已經默默觀察情緒很長一段時間，漸漸說得出這是什麼情緒，也能感受情緒。

我們要找到情緒這股力量的源頭，讓情緒回歸它的本質。讓我們沉入情緒的大海，不要抗拒、不要急躁，也不要勉強。不要假裝，不要裝出自己已經做到了。要臣服，要順服。不管我們怎麼描述自己的感覺，我們都要誠實，要承認感覺的存在。我們要與感覺合而為一，徹底感覺情緒。我們必須和感覺合為一體。

## 不抵抗、不批判

抗拒與批判情緒可能會把情緒變得更討人厭、更傷人。我們順服感覺的技巧如果愈熟練（把魚兒做記號，放回水裡的速度愈快），就愈能輕鬆感受情緒的作用。不抗拒可以消除痛苦。當我們做到不在乎自己有什麼感覺的那一刻，感覺自己的感覺衍生的問題也跟著消失。管它是憤怒、困惑、怨恨還是恐懼，我們只要把那條魚兒釣上來，做記號，它就是我們的了。我們和感覺合而為一以後，再把它呼出去。讓感覺游走，游入大海，到它想去的地方。

批判情緒，把它分為正面或負面、好或壞，容易把感受情緒的過程變得更複雜。我們認為這種感覺是「壞的、負面的」，那種感覺是「好的、正面的」。但事實上，它們都是一樣的。它們都是感覺。悲傷與快樂沒有任何差別——差別是我們用大腦想出來的。

當我們不再批判情緒、願意順服情緒，然後把情緒從我們身上呼出去，它就走了。是什麼感覺，已經不重要。憤怒與激動之間的差異，就好比紫色與綠色的差異。它們都是顏色。顏色不同，但是本質相同。無論我們偏愛哪些感覺，它們都是情緒輪盤的一部分。

## 感覺是生命的色彩

只有一種感覺不屬於情緒輪盤的一部分，那就是預感，一種警示性的感覺。這種感覺會一直跟著我們，它像黃燈在心中閃爍，直到我們親眼看到警告小心的號誌閃爍才會停止。

人活在世上需要感覺。有了感覺，我們才能創作偉大的音樂、書本、繪畫或者故事。有了感覺，我們事情可以做得更好，因為有感覺才有生命力。感覺會指引我們。它會告訴我們，遇到什麼場合應該討厭、我們喜不喜歡自己現在做的事或交往的對象。感覺讓我們做的事情有了生命。它會告訴我們，我們的興趣在哪裡。感覺是生命的色彩、佐料與熱情。

## 帶出情緒，再放掉

一開始你可能無法在短時間內把感覺處理好，這就好比第一次釣魚，要迅速把魚貼上標籤，你也做不到。但是每經歷一次，你會做得愈來愈好、愈來愈快。不要用比賽的心態做這件事。找到一種感覺與體會感覺需要時間，不要急。我們不可能每一種感覺都能處理得很快，但有些可以。我們可以做些無傷大雅的活動把情緒帶出來，再把它放掉，例如：看電影、放聲大笑、運動。直覺會告訴我們怎麼做來引動情緒比較好。我們會知道該怎麼做。

只要不忽略感覺，我們做事就能專注當下、感受情緒、記取教訓，然後成長。有些事很容易引動情緒：參加家庭聚會、失去摯愛的人、丟了工作、工作升遷或加薪。事件會引動情緒，他人的行為也是。

## 情緒是自己的，不必跟每個人講

我們不用像別人一開始教的那樣，跟每個人說出自己的感覺，即便那些人和我們的情緒有關。人，會引動我們的情緒，但情緒是自己的。我們只需要讓一個人清楚我們的感覺：我們自己。當我們必須跟別人談談自己的感覺時，我們怎麼知道什麼時機最恰當？把情緒放掉就知道。我們會曉得該怎麼做，一切會自然而然地進行。我們會開始相信自己。我們用不著思考該怎麼做。

當我們不再努力想弄清楚生命是怎麼一回事，不再用腦筋分析每件事，當我們開始感受情緒然後放掉情緒，生命自然開展，不假外力。踏實活在當下。我們的生活不為情緒驅動，我們也不會被自己的感覺控制。

## 放掉情緒再講

當我們覺得必須和別人談談感覺時，一定要先把情緒放掉。這樣說話才有力量。有人以為生氣時，必須大吼大叫、爭論來表示我們的憤怒。這樣只會讓兩人大吵一架，讓憤怒控制我們。這會削弱我們的力量。把憤怒放掉，才是表達憤怒最有效的方法。

身陷危機時，不會被恐懼控制的人，就是應變能力最強的人。想要成為情緒的主人，秘訣就是把情緒釣後放流。我們感受情緒時，要暫時與自己的感覺合而為一。我們先讓情緒牽著走，再把它吐出去，像吐出濁氣一樣。然後問問自己，我們從這個情緒學到了什麼——如果有東西可學的話。或許我們不用問，生命自然會告訴我們。我們應該學些什麼，它自己會出現。

我們瞬間感受到的情緒有時不只一種：當下的感覺與過去類似的感覺可能同時浮現。出現這種情形，我們通常會知道，因為我們反應太強烈，對當時情況是不合宜的。如果某件事造成我們反應過度，通常是因為我們當下感覺到的情緒夾雜另一種情緒（或者四種），兩種情緒有相似之處——後者是我們壓抑已久、一直留在心底的感覺。遇到這種情形該怎麼辦？釣後放流。出現這種情形，表示我們的情緒能力要大幅成長了。生命課題的學習和在學校上課一樣：課程一開始先介紹，然後正式上課。課程進入重要階段會有臨時小考和測驗，然後課程結束。情緒是整個學習過程的一環，放下過去狹隘的觀念也是。就讓生命帶領我們學習新的、健康的觀念，讓我們用更開闊的視野、放鬆心情體驗生命。

此外，我發現情緒經常一次以三種層次表現，例如恐懼、羞恥與罪惡感是一組，憤怒、傷心和恐懼是另一組。不同情緒會任意組合，但是我們學習的目標不變——與上天、生命、別人、自己合而為一。

## 順服感覺

釣後放流是處理感覺的基本方法，適用我們在第三部分評量中討論的各種情緒，評量裡沒提及的情緒也適用。這種技巧除了偶爾浮現的預感，什麼感覺都能處理。但是釣後放流的技巧需要練習。只要我們願意虛心學習，等時機一到，我們需要什麼幫助、老師、情緒引發條件與支援，自然會出現。它的基本觀念和釣魚一樣：必須讓魚兒上鉤。

也就是說，我們必須完全順服感覺，體會感覺想說什麼。不要怕，這只是感覺，一種情緒的能量。只要我們不要抗拒、不要批判，它對我們不會造成太大傷害。

不要忘了，我是大家的導遊。這條路我走過。如果我做得到，你也做得到。不要把事情想得太複雜。有什麼感覺就去感覺它。

練習感覺情緒

## 1. 了解自己在抗拒什麼

感覺的最大阻礙是什麼？家庭不允許？還是擔心萬一哭了會停不下來？我們是不是認為不跟情緒投降、能夠控制情緒，就表示自己很堅強？示弱和順服是一種力量。如果我們不知道自己為什麼抗拒情緒，把找出答案當作目標寫下來。

## 2. 最好與最差的感覺

你偏好什麼感覺？我不是在問你最喜歡什麼感覺，我要問的是：你最常有的感覺是什麼，也就是在多數情形下你的第一個反應是什麼？有的人無論遇到什麼事，第一個反應幾乎都是生氣，有的人是罪惡感，有的人是恐懼。你最常出現的情緒反應是什麼？什麼情緒是你最感覺不到的？如果這些問題你答不出來，把問題當成學習目標寫下來。

# 第二章　處理情緒：憤怒

憤怒是我最不會處理的情緒。這個情緒被我弄得是用內疚表現出來。有些人正好相反：覺得內疚，卻以憤怒表現出來。有些情緒很像我們穿在身上的雙面外套，感覺內疚是比較自在的一面，憤怒不是。我們從小被灌輸一個觀念：生氣是不對的。如果我們禁止自己感覺憤怒，憤怒來時我們會當它不存在，直接埋進心底。

憤怒對許多人來說，都是不易處理的情緒。如果我們身邊有人酗酒或者會欺壓人，我們把憤怒表現出來，可能會有危險。許多家庭成員通常等成癮問題造成全家大亂，才知道自己原來這麼生氣。

## 喚醒埋藏已久的感覺

感覺被我們封閉一段時間以後，可能會開始自己找出路。注意各種蛛絲馬跡，慢慢就能察覺情緒的作用。有時我們覺得很累，無精打采；有時我們氣得半死。有時我們覺得很緊張、很困惑。感覺沒有離開。感覺住在我們心裡，找機會現身；情緒現身時，我們會知道。

說出來或寫下來，都有助於我們找到埋藏已久的感覺。能夠讓感覺甦醒的做法很多。在書寫的過程中，我們的感覺可能會慢慢甦醒。我們會找到線索，我們會把情緒鬆綁，讓它現身。

## 處理憤怒最安全的做法

處理憤怒最妥當、最安全的做法，就是把怒氣放掉，再考慮該不該把相關的人找來談談。如果我們過去五年來，一直麻痺感覺、封閉感覺、把感覺鈍化，那麼現在只要想到自己以前忍了那麼久，我們可能會很生氣，會氣好幾個月，甚至一年。

當壓抑很久的情緒冒出頭時，可以這麼處理：隨時準備好，把嘴巴閉上，以免說出後悔的話。發洩怒氣要找對地方。

**憤怒通常也表示我們應該建立界線了。**

問問感覺想對我們說什麼。憤怒最諷刺的地方在於：**我們拼命壓抑的情緒，往往就是生命希望我們去體會、表現出來的情緒。**

以前人們剛開始處理情緒時，習慣用表情圖表示目前的心情。一開始表情分四種：微笑、皺眉、恐懼、哭泣。現在，情緒的表情圖已經多得數不清。但是人們使用表情圖有個問題：許多人因為否認情緒太久，望著表情圖，手會直接指向微笑的臉。「這是我現在的心情，」我們會這麼說。雖然想是這麼想，但是情緒會自己冒出頭，因為它們想要自由。假使這時我們聽從直覺，做些無關緊要的事，可能正好構成引發另一個情緒的條件。

如果我們長期刻意不去感覺自己的情緒，某些情緒肯定蠢蠢欲動。除非這個情緒是像打嗝一樣的小問題，否則一旦冒出頭，通常是現在的情緒夾雜過去的情緒。這種情形很常見。許多人壓抑的情緒，多到連自己都不知道。如果我們需要別人幫忙推一把，可以接受心理治療或者參加情緒治療團體。如果我們對自己處理情緒的能力有信心，寫日誌也可以。利用談話或書寫的治療方式釋放情緒，或許很費功夫，但是我們可以從談話或者書寫找到線索，了解自己的感覺。不要批判。看看是什麼感覺冒出來。

## 徹底感覺憤怒、放下憤怒、然後原諒

有的人應該多發脾氣，有的人脾氣發過頭。適當表達憤怒和言語侮辱是不一樣的。罵髒話、恐嚇、威脅是侮辱。說話輕蔑無禮也是侮辱。如果你覺得自己可能沒辦法適當表達憤怒，那就閉上嘴巴，然後走開。先感覺自己的憤怒，再決定怎麼說、怎麼做。當我們情緒上來時，先處理自己的憤怒比處理別人的憤怒更有效。兩個生氣、敵意相向的人是沒辦法溝通的。

我們必須先徹底感覺憤怒、放下憤怒，接著才是原諒，否則就是否認情緒。如果我們已經感覺自己的情緒，可以考慮走下一步。想要不再對某人生氣的唯一辦法，就是徹底感受自己的憤怒，然後請上天保佑那個人，每天這樣說，一天可以說五十遍，說到我們的心口如一為止。該是原諒的時候了。是不是到了該與對方講和的時候呢？**有時候，我們需要原諒的對象不是別人，而是自己。**

# 第三章　處理情緒：恐懼

我之所以選擇把恐懼這種情緒提出來討論，是因為恐懼這種潛藏的情緒，會驅使人們操弄與控制別人。

## 恐懼會癱瘓行動力

恐懼冷冰冰。它會癱瘓我們的行動力，奪走生命的樂趣。我們因此活得提心吊膽。

我對付恐懼最好的辦法，就是參加高空彈跳活動。這樣做不是因為我很勇敢，而是因為當時我深陷恐懼，我想逼自己克服恐懼。從飛機跳下來，確實有助於體會恐懼的感覺。有個男士做完高空跳傘以後，抗憂鬱藥就停掉了。我不是叫大家都去高空跳傘。但是，我們的恐懼到底有多深？我們是不是怕得幾乎什麼事也做不了？我們害怕生命嗎？我們是不是擔心會失去什麼？我們是不是擔心沒辦法控制一切？可是我們來到這世上本就兩手空空，有什麼好怕失去？有些人談起恐懼，想到的是人類普遍害怕的事：死亡、被拋棄，以及其他常見的恐懼。也有人說（伊麗莎白・庫伯勒-羅斯是其中一位），只有兩種恐懼是理所當然：對突來其來的超大分貝噪音的恐懼，以及懼高症。

## 接受恐懼反而不會恐懼

釣後放流這種處理情緒的方法，對於克服恐懼也有幫助。還有其他做法也有助於我們穩定情緒，例如：靜坐、祈求、數息。幫助自己停止憂慮最有效的治療方法，就是不要抗拒恐懼，而是強迫自己感受憂慮、感受恐懼。當我們感到憂慮和恐懼時，放下手邊正在做的事。靜靜坐著，用十五分鐘的時間讓自己好好體會恐懼、憂慮、慌張、焦慮的感覺。

我們或許會發現，我們愈不想恐懼反而更恐懼。可是，我們一旦努力強迫自己感受恐懼，反而不會恐懼。我們愈努力想要感受某一種情緒，反而感受不到。這種治療法是根據維克多・法蘭克（Viktor Frankl）提出的「意義治療法」（Logotherapy）而來，這是一個用來幫助人們克服抗拒心理的絕佳辦法。這種技巧可以用來處理焦慮、憂慮、強迫行為等等與恐懼相關的情緒。

萬事萬物來來去去，感覺也是——快樂是這樣，痛苦也是這樣。美好的一刻不停留。當這一刻來臨時，好好享受。下一刻的感覺來臨時，也要順服它，好好享受。無論當下有什麼感覺，順服就是。

## 每天做一件嚇人的事

如果我們不想被恐懼牽著走，我們就不會受到恐懼支配。前美國第一夫人愛蓮娜・羅斯福曾說過，「每天做一件事嚇嚇自己。」我的建議是，「每個禮拜做一件會嚇到別人的事。」我們要熟悉恐懼的感覺。發生不如意的事，我們無可奈何。這些事怎麼發生的，我們根本無法預期；即便可以，也阻止不了。

當我們陷入真正的危機時，不要慌張、要冷靜、要鎮定，能讓自己保持最佳狀態。這樣的我們，應付壓力的能力就會比那些人生過得一帆風順的人還要出色。事實證明，身處逆境的人，對於壓力、危機、突發事件的應變能力，比起那些活在保護傘下的人，傑出許多。把過去的經驗變成我們的助力。不要讓恐懼感牽著我們走。

## 害怕什麼，什麼就會出現

我在本書一開始就說過，如果全書必須濃縮成四個字來表達，那就是：認識自己。我們在怕什麼？已知的事情？還是未知的事情？我們的恐懼是不是想跟我們說什麼？怕什麼就會來什麼。不要忘了，我們沒有自己想的那樣孤單。如果恐懼對我們造成困擾，不用覺得難受。我們可以靜坐冥想、祈求、呼吸。然後深呼吸，再深呼吸。我們可以學習放鬆心情，盡快把恐懼放掉。

# 第四章　處理情緒：過度誇大與受害痛苦感

有些人的行為已經過度誇大。人們因為遭遇太多不幸的事、失去太多，活得死氣沉沉。只有核彈爆炸或地震，才能喚醒我們的感覺。用演的對我們來說，就像空氣：只有用演的，我們才覺得自己活著。過度誇大或者痛苦成癮不是感覺的一種，而是一種心態，也是一種存在與渴求的狀態。

## 不必先設想

我以前相信負面思考的力量。如果我先設想事情會往最壞的方向發展，我就不會那麼失望了。如果我們已經來到生命的谷底，最壞也不過如此。現在的我，喜歡不設想未來。生命自然會帶我們到目的地。我們是被保護的。我們不用擔心自己該往哪裡走。我們該做的，就是順服每一種感覺，活在當下。

我們身邊有沒有那種總是反應過度的人，喜歡把別人拉進他們的災難漩渦？這種人一看就知道。最好和他們保持距離。這種人打電話來，不是嚷嚷個沒完，就是抱怨不停。如果請他們講重點，原來什麼事也沒有。對付這種人最好的辦法，就是問他們：到底哪裡出了問題？對過度誇大與痛苦成癮者要把話說清楚。告訴他們，如果他們想往谷底走，請自便，我們不奉陪。用釣後放流這招處理過度誇大與痛苦成癮的問題，無效，但這個問題還是與情緒有關。只要我們喚醒感覺與釋放情緒的技巧愈來愈熟練，過度誇大與痛苦成癮的行為就會逐漸減少。

## 把自己變成平靜的中心點

「人受苦是應該的」這種潛在想法，我們要扭轉，要這樣想：生活過得平靜，是應該的。

把過度誇大與痛苦成癮者找出來。你的朋友或家人，有沒有人老是反應過度？你是不是過得很痛苦？最好的辦法就是去覺察。你是不是在製造過度誇大場面？當我們遇到問題或不幸要向別人訴說，注意聽自己說話的語調、情緒激動的程度，看看自己的行為是不是很誇張。我們打電話給別人，是不是希望對方和自己一樣痛苦？為什麼？不要再製造地震了，把自己變成平靜的中心點。只要能夠感覺情緒的存在，不必用演的，我們就能好好活下去。

## 向自己好好傾訴

每天把生活遇到的問題，不論是真實的或想像的，都列出來。這些問題可大可小。你是不是被情緒所困擾？你是不是很擔心某個人？是不是氣炸了？出了什麼事嗎？是不是覺得快要受不了？該繳帳單了，心情很差，因為我們認為錢永遠不夠用，其實不然。現在把清單看一遍，把真正的問題和自己演出來的問題做上記號。然後給自己十五分鐘的時間徹底把所有問題煩惱一遍。努力把自己的心情變得很焦慮、很沮喪，覺得自己悲慘到了不行為止。

我的意思是，我們要全面埋入悲慘的情緒裡。遭遇痛苦的人喜歡同病相憐。我們乾脆跟自己好好訴苦，讓自己難過到受不了，然後正式把清單上的問題交給上天。把這張清單放在特別的地方，哪裡都行。我們該做的已經做了：我們體驗過煩惱、沮喪、痛苦的情緒。現在，把我們的問題交到上天手中，好好過日子吧。

## 改掉要把別人變得和自己一樣痛苦的毛病

如果我們有反應過度的問題，做做第三部分的評量。每年檢視兩次自己的進展。我們有沒有進步？反應過度的人找我們作伴時，我們有沒有拒絕？我們有沒有改掉想把別人變得我們一樣痛苦的毛病？我們有沒有感覺情緒的存在？我們平靜的時候比較多，還是沮喪的時候比較多？當我們的心情平靜到知道自己再也不用做這些評量，我們就明白自己再也不需要用演的了。

# 第五章　處理情緒：罪惡感

你是不是對於自己是誰感到很羞愧，很想有個洞可以縮成一團躲起來，好讓全世界看不到？你有沒有做了什麼自己覺得很糟糕的事，相信自己絕不會被原諒？你有沒有剝奪自己享受成功的喜悅，懲罰自己？沒錯，罪惡感是最惡劣的一種情緒。

## 罪惡感是難以辨識的一種情緒

罪惡感和其他感覺不太一樣。這也是為什麼我會把罪惡感獨立出來談。大多數的感覺都有著一種明確、易於辨認的能量。憤怒是一股猛烈翻騰的能量——輕者灰心喪志，重者憤恨難消。恐懼是一股冰冷、冷漠、黏滯的能量。傷心呢？這個太容易辨認了。有的人會哭；有的人雖然不掉淚，但知道心會痛。除非我們因為否認情緒，完全沒有感覺，否則情緒都有一種易於辨認、各自專屬的情緒聲調。唯獨罪惡感沒有！這個狡猾的騙子完全不動聲色。它可能會全面癱瘓我們的行動力，讓人動彈不得。它也可能以生氣的方式表現。它會嚇我們。它告訴我們，如果承認它的存在，我們害怕的事情就會成真——我們會變成可怕的人。

這就是罪惡感最諷刺的地方。這世上有兩種人：一種是有罪惡感的人，另一種是沒有罪惡感的人。通常應該有罪惡感的人反而沒有罪惡感。這種人沒有良心！如果有，良心也不知哪裡去了。至於那些被罪惡感淹沒的人，往往是我們見過最善良、最和善的人。我們看得出、也感受得到他們的善良。這種人可以百分之百信任。看到這種人我們很納悶，為什麼他們不能原諒自己？從他們的情形我們明瞭：同一件事如果是別人做的，會被原諒，如果是自己做的，無法原諒。

感覺沒有邏輯或理性可言。罪惡感是所有感覺當中最不理性的一種。罪惡感可分為幾種。我們來看看自己有哪幾種。

## 合理的罪惡感

如果我們做了什麼事產生了罪惡感，這種罪惡感必須等到我們不再那樣做才會停止。如果我們是容易有罪惡感的人，不可能輕易逃過它的折磨。因為我們不允許。確定是這樣嗎？觀察仔細一點。我們做事真的違背自己的原則嗎？或許我們要學習什麼是包容：學習不要動不動就批判別人，這樣我們就不會批判自己。或許我們要學習的功課是：我們只是人，不用做到完美。

要處理合理的罪惡感，解藥只有一種：彌補過錯。道歉，不然也要做到有效彌補過錯，或者兩者都做到。有效彌補過錯的意思，就是改變自己的行為，不是嘴上說對不起就算了。例如，我們跟人借錢說好了會還錢卻沒做到，向對方說對不起，然後馬上準時還錢。

彌補過錯最後以請求原諒做為結束。這件事可以自己來。但做這些是不是有效，要看我們是不是真心謝謝別人的寬恕，是不是真正寬恕別人、寬恕自己。

## 不合理的罪惡感

不合理的罪惡感讓人不知所措。這種罪惡感可能是自己創造出來的：我們告訴自己早知道就不要這樣做、某件事我們沒有盡力。有的人因為一直不懂得欣賞自己，所以不管做什麼都有罪惡感。這就是我們偏好的感覺，也就是我們在多數情形下的第一個反應。

有時候，罪惡感是憤怒的表現。這類的罪惡感可以用「釣後放流」的技巧釋放。有時我們的思緒亂成一團，分不清自己的罪惡感合理還是不合理。這時可以請求上天幫助我們看清楚。

我們有權到自己想去的地方，有權做自己。如果我們甩不掉不合理的罪惡感，試試看把自己覺得內疚的事情寫下來。如果我們弄不清楚自己為了什麼事感到內疚，那麼這個罪惡感可能並不存在。我們可以試著站在鏡子前，直視著自己的眼睛，大聲這樣說：「我原諒你。」即便不知道自己哪裡做錯了，也要這樣做。

然後問問自己，我們是不是一直沒有原諒某個人？有時我們必須先原諒某個人，才能原諒自己。我要提的不是己所不欲勿施於人；這裡要提的是宇宙運行的法則。除非我們不再批判他人，否則只要我們繼續批判別人，我們就會一直批判自己。

## 悲傷造成的罪惡感

這類型的罪惡感花了我很長的時間學習。沒有人教我怎麼做，所以我學得很艱辛。我觀察其他經歷過失去的人，發現罪惡感是悲傷的過渡階段。這種罪惡感不是真的，但會有這種感覺是合理的。因為當失去什麼人或什麼事，我們會責怪自己。要是自己可以多做一點、做得好一點、採取不同做法，我們就不會失去。我們不停反覆問自己，是不是還有其他做法可以避免事情的發生。

我們腦海中通常會浮現幾種想法，想來想去折磨自己。我的意思不是出了事情，我們該出多少力，或者該替自己的行為負多少責任。我的意思是，我們覺得自己應該替命運、天災、天意付多少責任。我們不是上天，不要把上天的事攬到身上來。

悲傷型的罪惡感是很無情、令人招架不住。它也讓人很困惑：我們無法原諒自己，可是出問題不是我們的錯——這就是悲傷的一個過渡階段。然而，在我們內心深處，還是覺得自己有責任。如果我們不把罪惡感當成一種感覺，而是悲傷的過程，這樣想，會有幫助。

我們已經夠痛苦，悲傷欲絕，這時如果罪惡感還想整我們，還想加重我們痛苦悲傷的感覺，不用理它。不要分析它，也不用趕它走，不妨讓罪惡感留下來。悲傷不是一種思維活動。別人說我們很傻，因為出問題根本不是我們的錯——但是這樣說沒用。我們沒辦法用言語把罪惡感趕走，尤其是這類型的罪惡感。

我們不時會喃喃地對自己說，「早知道這樣做就好了」或「早知道不要那樣做就好了」。我們會跟自己說很恐怖的話，說自己要是當初這樣做，就不會失去了。但事情就是發生了。世上發生的每一件事，無一不是上天的安排。不要再把老天的責任扛到自己身上來。做自己該做的事，不要再為了這人世間的變遷去責備自己或別人。因為我們並不是主宰者。

## 罪惡感的後遺症

罪惡感有許多很不好的後遺症。原本可以順利完成的事，因為罪惡感我們辦不到了。我們會告訴自己不配順利完成這些事。罪惡感讓我們的心無法平靜。罪惡感把我們框住了。有些人病了，也會相信自己不配痊癒。如果痊癒了，那就表示我們一開始根本不應該生病，不是嗎？錯！我們把自己綁住了，不讓別人、上天、自己幫助自己。如果我們不打開緊握的雙手，沒有人可以把東西放到我們手上。

罪惡感最糟的地方，就是自覺問心有愧的人會懲罰自己。我們自己先行扮演法官、陪審團和行刑官。這種事我們很在行。有些哀傷的人會任由別人欺壓自己，因為他們覺得自己做了罪大惡極的事。我們會懲罰自己，不讓自己享受生命種種樂趣。我們忍受痛苦，告訴自己活該。罪惡感是個騙子！

## 我們不必當聖人

這輩子我們只要當個難免犯犯錯的平凡人就好。偶爾甚至可以使點小壞！我們頭上又沒有光圈，不必當聖人。我們告訴自己必須做個完美的人，其實沒必要。我們追求完美只是來折磨自己。罪惡感讓我們無法享受這世界送我們的禮物——其中包括平靜的心和我們自己。

卸下枷鎖吧。這輩子當個平凡人就好。不必把每件事做到最好。有時候，該做什麼，做就對了。

## 打開自己的心，接受祝福

把討厭自己的界線拆除。

前面提過，建立界線表示我們愛人的能力有限。如果我們有罪惡感的問題，表示我們用討厭自己的心態設立的框架或界線，把自己困住了。當我們跟自己說我們不配擁有、不能擁有時，我們心裡在想什麼？我們到底想要得到什麼，卻告訴自己不配擁有？你有沒有仔細看看別人？他們是人，我們也是人。我們的人生可以過得非常有趣，我們這輩子可以得到的幸福非常多，為什麼我們就是看不出來？

## 你可以丟掉罪惡感

罪惡感或許是最難釋放的情緒。我們可能要多下點功夫，隨時提防罪惡感再起。我們可能需要時不時讓自己休息一下，犒賞自己，或者放鬆一下。每當我們善待自己，罪惡感就會跳出來斥責我們，這時我們要停下來感覺它，等它從我們身旁通過。

我們準備好與罪惡感一刀兩斷了嗎？假如我們沒有罪惡感，真心相信自己值得擁有一切、相信自己有所求並沒有錯，那我們會想做什麼事，想要擁有什麼？把它們列成清單。我們要非常努力。我們看著鏡中的自己，直視自己的眼睛對自己說，我們已經得到原諒了。這件事要努力做，因為我們值得。罪惡感是可以丟得掉的——你可以。

## 原諒他人

如果我們想獲得寬恕，方法只有一個：我們要寬恕別人。如果做不到這一點，等於關上寬恕自己的大門。如果我們沒有原諒自己、父母、敵人，或朋友，我們也無法原諒自己。

我們是不是有什麼人還沒原諒？哪些人的名字浮現腦海時，會勾起我們的恨意？我們是不是想起哪些人，心情就難以平靜？如果想要擺脫罪惡感的束縛，我們必須把原諒散播給每個人，原諒別人是為了原諒自己。

把所有自己沒能原諒的人，列一張清單，然後努力完成兩個目標。第一，名單上的人給你什麼感覺，你要感覺它，然後釋放它。第二，原諒名單上的每個人，直到我們再也感受不到一絲恨意為止。

# 第六章　通往心的道路

強迫性的思維或行為、罪惡感、恐懼、控制等等，這些都是人們傷心時會出現的行為。這些行為不是病態。它們是人們在經歷分離、失去婚姻、看到自己的孩子行為有問題、長年照顧失能親人時會出現的行為。

我們必須知道難過、沮喪與悲傷是不一樣的。我們現在是不是失去了什麼？我們是不是失去了很多，但是因為必須照顧大家，忙得沒時間好好悲傷？

## 感覺是打開心門的鑰匙

感覺讓生命多采多姿。無論痛苦、快樂、深度悲傷，或喜極而泣，每一種感覺都很重要。我們不用告訴別人自己有什麼感覺。不必把自己的感覺當做控制他人的工具；不必跟別人說他們做了什麼讓我們很難過，強迫別人不要那樣做，這樣我們就不會有難過的感覺。

感覺，就是打開心門的鑰匙。

把心打開，就會知道自己是誰，我們就會找到快樂與平靜——不只是個人內心的平靜，這種平靜超越我們的理解力，是一種靈性層次的平靜。

人的情緒不是只有焦慮和憤怒。要將感覺的觸角延伸，盡可能體驗所有感覺。感覺不會傷害我們；感覺會讓我們重新活過來、喚醒我們。

感覺會讓我們的存在，回復原本應有的完整與圓滿。

## 練習形容自己的感覺

以下列出與感覺有關的形容詞，利用這些形容詞幫自己與感覺連結起來。當我們不確定自己的感覺是什麼時，把這張形容詞列表拿出來看一遍。哪些字詞引起我們的注意？說不定這個形容詞說出我們現在的感覺？或者換個方法。挑一個自己喜歡的形容詞寫下來，等哪一天這個字詞形容的感覺我們找到了，就可以把它放下。此外，你也可以把自己後來發現的其他情緒形容詞，加入這張清單。

| | | | |
|---|---|---|---|
| 被拋棄的 | 受人欺負 | 會欺負他人 | 很害怕 |
| 躁動不安 | 很痛苦 | 漫無目標 | 孤單 |
| 生氣 | 心煩的 | 焦慮的 | 很感激 |
| 好爭論 | 傲慢 | 很羞恥 | 很驚訝 |
| 有覺察力 | 很敬畏 | 長不大 | 有條不紊 |
| 身無分文 | 很挫敗 | 被看輕 | 有歸屬感 |
| 遭人背叛 | 很難受 | 受威脅 | 被指責 |
| 責備他人 | 很幸福 | 很挫折 | 愛誇耀 |

被束縛
很勇敢
很沉重
很自私
被騙了
很聰明
很堅定
自滿
喜歡譴責他人
很困惑
很滿足
失去理智
殘酷的
上當了
一無所有
很渴望
冷冷地旁觀
不被認同

很厭倦
很頹喪
很平靜
很確定
很幼稚
很黏人
有同情心
圓滿的
高高在上的
感覺是一體的
受控制
有創意
好奇心強
不可靠
很沮喪
絕望的
保持愛的距離
不認同別人

很厭倦
很哀慟
很在意
有缺陷的
很天真
想法很負面
能力強
很擔心
充滿自信
有壓迫感
控制欲強
有殘缺
愛冷嘲熱諷
容易翻臉
很貧困
沒希望了
極度不安
疑神疑鬼

很跋扈
有心事
被困住了
很有魅力
很清醒
很自在
好競爭
被譴責
很矛盾
覺得很髒
抓狂
愛挑剔
沒有活力
依賴心強
應該得到
被人瞧不起
很失望
與人疏離

覺得病了
不受尊重
好猜疑
無精打采
握有權力
看透了
忌妒
很期待
非常獨立
被寬恕
很冷淡
暴怒
傷心的
討人厭
信仰虔誠
很驚恐
很渴望
不耐煩

失去權力
不滿意
很強勢
行屍走肉
陷入危機
動彈不得
邪惡
很失敗
很靈活
寬恕他人
冷冰冰的
愛傻笑
有方向感
懷恨在心
想殺人
很卑微
很委屈
被人施壓

不老實
注意力渙散
受欺壓
很投入
活力充沛
很氣憤
很興奮
很恐懼
很笨
特立獨行
很有成就感
很親切
很內疚
無依無靠
充滿希望
被羞辱
不受重視
對別人施壓

惹人討厭
心煩意亂
死定了
很尷尬
很專注
一團亂
累壞了
很怕被人拋棄
很健忘
孤立無援
很風趣
感激的
很快樂
喜歡囤積
沒有希望
很沒面子
心裡不平衡
很感動

易受影響　印象很深刻　很不得體　難以勝任
能力不足　不圓滿　很感恩　很憤慨
很沉迷　矮人一截　很無辜　失去理智
受到鼓舞　被侮辱　很感興趣　耐人尋味
肚量小　直覺力強　很有朝氣　難以抵抗
沒有責任感　暴躁易怒　惱怒　很孤獨
忌妒心　令人歡喜　被抨擊　喜歡品頭論足
博學多聞　很不足　動作慢半拍　懶洋洋
無精打采　死氣沉沉　很寂寞　很迷惑
有人關愛　很幸運　欲望很強　被人用私刑
狂躁　被操弄　裝可憐　刻薄
有點不高興　可憐兮兮　被誤導　遭受不當對待
遭到誤解　很天真　很自戀　很想要
很窮困　沒感覺　受人扶持　扶持他人
有義務　很執著　被冒犯　迷失方向
坦率　很樂觀　孤苦無依　與別人不同調
很憤怒　很直率　過度保護　過度干涉
過度關心　過於樂觀　責任感太強　太敏感

承受不了
過勞
過度猜疑
很平靜
無能為力
呵護備至
愛打聽
輕鬆自在
很厭惡
很有責任感
很正直
很安全
很敏感
性欲很強
很厭煩
被孤立
說不出話來
愚笨

太多嘴了
很受寵
很熱情
理解力強
活在當下
第六感很強
從善如流
悔恨不已
很不滿
很浮躁
一板一眼
很驚恐
很縱欲
很丟臉
沉默不語
很卑劣
迫切渴望
一帆風順

太胖了
驚慌失措
缺乏熱情
很虛假
很得體
被懲罰
很後悔
很反感
逆來順受
自制力強
被剝奪
自我本位
獨自一人
很錯愕
很愚蠢
很憂愁
緊張不安
受折磨

不知所措
（被嚇得）恍恍惚惚
很慈愛
能力強
受保護的
沒有目標
被排擠
被壓抑
很抗拒
報復心很強
很難過
厭惡自己
很寧靜
很反胃
很真誠
（因藥物作用）昏昏沉沉
努力不懈
有自殺傾向

有優越感
很緊繃
很折磨人
被耍了
很不起眼
漠不關心
不可原諒
不討人喜歡
不愛社交
不受歡迎
侷促不安
復仇心重
小心翼翼
完整無缺
很憔悴
被冤枉

背後有助力
驚恐不安
平靜祥和
容易信任他人
反覆無常
猶豫不決
不願原諒
乏人疼愛
缺少助力
不情願的
被利用
被欺壓
很奢侈
自動自發
憂心忡忡
很嚮往

很驚訝
很疲憊
受困了
感覺很糟
很不自在
不配
不得志
運氣不好
不許人批評
不值得擁有
有用的
很得意
很虛弱
明智的
不中用

順服
有雅量
心靈受創
無人賞識
沉默寡言
工作不適任
被誣陷
一無所長
不輕易信任他人
亂成一團
一無用處
被騷擾
受歡迎
喜歡僻靜
不正當

# PART 5

# 問題指南

# 第一章　什麼時候該做什麼事

不論在哪種處境下，當下都能夠處得很自在、很快樂，就是理想的人生。我們可以相信心的指引，時時敞開心胸，接受各種挑戰與機會。解決問題雖然沒有規則可循，但某些方法在某些情形下，或許還是有幫助。

以下提供幾點建議，告訴大家遇到常見問題時，可以怎麼做。看看這些建議是否有效。如果沒效，再試試別的方法。

以下提供的建議，都是經驗之談，希望可以給大家一點靈感，知道自己遇到某些情形時可以怎麼做。

## 不曉得該留下來，還是該離開？

當我們不曉得該留下來，還是該離開，我們會怎麼做？如果離開了，我們又怎麼知道是否自己做了正確的決定？

應該留下來、離開，還是和解，是一個常見的難題。如果對方會欺凌我們，那答案很明顯：馬上離開。不要告訴施虐者我們要離開了，不要說我們要去哪裡，因為對方可能會傷害我們。離開的時候不要通知誰，要安全快速地離開。這個原則一定要遵守。

如果我們在身體上沒被虐待，但飽受精神折磨，這種情形也會讓人很痛苦。我們不曉得自己與對方的關係是不是結束了——不曉得該走，還是為了孩子留下來。

不要為了該留下來，還是該離開這種事情費心神而痛苦。兩人關係到了該結束的時候，我們會知道。通常這段感情會變得死氣沉沉，沒有生命力。如果我們還沒有這種感覺，表示這段感情還沒走到盡頭。不要再折磨自己了。當不知道自己該離開或該留下來時，有個經驗法則可依循：如果我們不確定該不該離開，表示兩人關係還沒結束。接受現狀。兩人還在一起時，要善待自己。

有時我們擔心這段關係可能走不下去，擔心對方可能離開自己，其實這是我們把自己希望結束這段關係的願望，投射到對方身上。我們只是還不願承認罷了。

覺得不自在，沒關係。覺得左右為難，也沒關係。到了該結束兩人關係的時候，事情會自然而然地發生，幾乎不需外力。在我們說得出「分手吧」這句話之前，有人已經朝門口走去。

當我們覺得事情不對勁，卻不曉得問題出在哪裡，這時該怎麼辦？這種情形有很多可能性：

1. 或許事情沒有不對勁。或許我們只是覺得情況好像要有變化，但不知道是什麼事情。我們察覺到的是一種預感：好像有什麼事即將發生。雖然有事即將發生，我們也無法確定是什麼事，所以不要再想這件事，等就是了，生命會告訴我們是什麼事。

當事情不太對勁，卻又不曉得問題出在哪裡時，這時最明智的抉擇，就是靜觀其變。當我們預感有事即將發生，不表示即將發生不幸。不要再把生命中發生的事，分成好與壞。這樣只會讓自己陷入恐懼，好像末日隨時到來。這不是我們能控制的。放下控制欲，從容地走進未知的世界。

2. 有時候不曉得問題出在哪裡，是因為我們在抗拒。或許是我們的感覺麻木了。我們察覺不到，我們把感覺封閉了。我們不知不覺與自己、與生命失去連結。這時最好的解決辦法，就是練習表達感謝。每天早上起床以後，寫下十件自己喜歡、討厭，或者沒有特別感覺的事。提升我們的覺察力，我們很快就能突破。霧靄自會散去。我們就能看清楚問題出在哪裡。

3. 另一個可能性，就是我們被騙了，別人行為不當，不要責怪自己。如果別人說謊技術高超，我們上當了，這不是我們的錯。對方很可能是故意欺騙我們的。我們不用費盡心思戳破謊言。請上天指引，幫助我們把事情看清楚——雖然真相可能很殘酷。

4. 當我們覺得好像哪裡不對勁時，事情可能就跟我們只是需要休息一下一樣簡單。很多人都有這種感覺。人只要活著就會有這種感覺。我們覺得世界末日好像快到了，事情不太對勁。但是我們的反應可能小題大做。可能什麼事也沒有。請記得：「這件事也會成為過去。」每當我們以為即將出事的時候，多半什麼事也沒有。把問題寫下來：「為什麼我會覺得好像哪裡出問題了？」把找出答案當作目標。沒事，你的心情就會平靜下來；有事，你自然知道問題出在哪裡。

## 我知道我們該結束這段關係了，但是一直分分合合

我們百分之百肯定自己想要結束這段關係，但兩人一直分分合合，這時我們該怎麼辦？

這種情形會讓人非常痛苦。出現這種情形而我們又拒絕面對時，痛苦的程度會加倍。舉棋不定，是結束一段關係必經的過程。拒絕承認自己舉棋不定，就像我們愈想把戒指取下來，反而箍得愈緊。

不要再硬逼自己離開了。練習不要抗拒。好，我們決定結束關係，跟對方說沒下一次，別再打電話來。但對方還是打來了。還沒弄清楚怎麼一回事，我們又回到對方身邊。結果我們又回到問題的起點，又要再度說服對方這回我們是當真的，真的要斷絕關係了。我們請對方不要再逼我們，不然我們的界線會崩垮，把問題弄得更複雜。分手不成又不是世界末日。

要有覺察力。仔細觀察自己。我們之所以很不情願地一直分分合合，可能是一些細小行為造成的。

「過去三年，我一直想辦法結束這段關係。因為這不是我想要的。但是每回只要他打電話來說想見我，我就去了，又去見他，違背自己說的話，」一位女子這樣說。「電話響起時，我盯著電話上的來電顯示，不接電話。我一直盯著它，整個人無法動彈，好像電話會跳起來把我抓住似的。我不再接他的電話，但是我還是覺得不自由，因為我還沒能跟他好好談談，把自己的意思說清楚。」

「有一天我們兩人講電話的時候，我突然明瞭，原來打從我們一開始交往，我一直在操弄他。我一直表現出什麼都不想要的樣子，好像我們只是一般男女朋友。其實我是有所求的：我想要對方的承諾，我想要結婚，我想要認真交往。這一點我從一開始就沒坦白——我很不老實。我做的每件事都是為了控制他、抓住他。問題是，等我抓住他以後，才發現我並不喜歡他。這就是操弄別人最糟糕的地方。我們忙著欺騙自己，我們根本不確定自己拼命追尋的目標，是不是自己想要的。我現在沒辦法對他坦白，因為我不知道怎麼說。和他在一起的我，不是真正的我；我只是設想他喜歡什麼樣的我，把自己變成那樣的人。」

這位女子後來不再拒絕面對現實。如果她被拉了回去，她會接受事實。她不會折磨自己，責備自己又失敗了。她學會觀察自己，對於自己做的事或沒做到的事，不再拒絕承認。因為這樣，隨著對方來電次數增加，她的思路愈來愈清晰，人也愈來愈堅強。

「沒多久，和他在一起時，我已經可以開始做自己，」她說。「我開始說出真心話。話起先說得支離破碎。但是和他在一起，我覺得愈來愈可以自在做自己。到了兩人關係真正結束的那一天，我對他已經做到百分之百坦白，讓他清楚我是什麼樣的人、我想要什麼、我有什麼感受。我們的關係結束以後過了很久，有一天我領悟到一件非常重要的事：我以前會一直被他拉回去，是因為我們的關係還沒真正結束。當它真的結束了，我不會再回頭。」

當我們認為一切——伴侶關係、工作或某種情形——已經結束了，卻一直被拉回去，這表示：有時候，當我們以為自己該學的已經學會了，這時學到的東西最重要。隨時活在當下。不到最後一刻，不知道自己學到了什麼！

## 當上天不再眷顧我們

我們的心情一直很平靜，但是有一天，上天突然不再眷顧我們，我們覺得被人控制或者想要控制別人、很緊張、很不自在、壓力很大，這時我們該怎麼辦？

沒有人可以永遠心情平靜，沒有人可以永遠受到上天眷顧，沒有人永遠不會迷失方向——即便我們已經很努力照顧自己。

有時候，我們控制的習慣又會回來。我們很恐慌，好像有一堆做不完的事。我們想要一次做好五件事，忙得團團轉，結果什麼事也做不好。後來，我們待辦的事從五件變六件，壓力更大了。

如果我們要做的事情太多，超出我們的能力，記得，絕不做任何超出自己能力與能耐的事。做不到的事不要勉強。

另一個經驗法則告訴我們，當我們忙得團團轉，想要一次搞定五件事時，記得：「重要的事先辦！」把清單上的待辦事項，依重要性分類，一次做一件事。

不要一次做五件事。一次專心做一件事，必須早點完成的事先處理。這件事完成以後，再做下一件。

有些情形是我們把自己逼得太緊。我們之所以一件事也辦不了，情緒緊繃、很想控制一切，就是因為我們累了、倦了、筋疲力竭。我們需要好好休息，不要做太多。

這種時候請謹記這點：「做的事要和心裡想的相反。當我們筋疲力竭、做太多時，不要逼自己做更多，要休息。沒休息，不能繼續工作。」

當我們累了，幾小時也完成不了的事，休息過後，往往十分鐘就能辦到。精力充飽再說。

有時候是我們的完美主義在作祟。我們告訴自己必須同時完成每件事，而且要做得十全十美。但是我們辦不到。

看看自己的待辦清單列了什麼。弄清楚哪些事必須在什麼時間完成。辦不到就是辦不到。不要閃躲、不要找藉口、不要說謊。

當我們覺得事情必須在自己掌控中，但我們辦不到時，就是我們會覺得最緊張、最不自在的時候。當我們壓力很大，一切如果不在掌控中好像就不行似的。

最後提醒大家：承認自己渴望控制一切、想做到完美。

事情做得很好就行了，不用做到完美。

## 我們只是做自己必須做的事

我們的朋友和我們信賴的人會建議我們應該怎麼做，聽歸聽，我們心裡卻不認同，這時我們該怎麼做？這樣是不是表示我們很固執，不聽別人警告，我行我素？

有時候，別人會提供我們解決問題的對策，指點方向，建議我們該怎麼做。我們幾乎都是用瞎子摸象的方法，決定事情應該怎麼做。所以別人怎麼可能知道我們怎麼做最好？我們要活得健康，就要傾聽內心的聲音，相信自己的心。

朋友是為你好，但不要被牽著鼻子走。我們正在學習的生命課題，可能他們自己還沒遇過。他們看事情的角度，可能不是很周全。人生是自己的；該怎麼做，自己決定。

**你做的決定，會決定你的人生怎麼過。**

## 與好朋友建立界線

當我們必須與某個朋友建立界線，但是我們知道這樣做會讓場面很不愉快，我們可能因此失去這個朋友——可能失去一輩子或很多年。這時我們該怎麼做？

有個女子寫信給我，她說大家都說愛情來來去去，但是朋友可以維繫一輩子。但她遇到的問題是，當朋友彼此感情愈好，愈難建立界線。她知道自己必須建立界線，但是不敢執行，因為她知道這樣一來，就會失去這個朋友。她想知道該怎麼做。我能做的就是證實她的顧慮是對的。朋友或許可以做一輩子，但是朋友也是我們最難說出真心話的對象。

有些友誼只有單方面在付出。我們一旦建立界線，得到了權力卻失去了朋友。許多友誼和男女關係一樣不公平：只有一方握有權力。另一方把生命的重心全放在這個握有權力的朋友身上。

許多人認為男女交往，吵架是稀鬆平常的事。但朋友之間就不是這樣了。遇到建立界線這種事，朋友可能是最難搞定的。我們只要對朋友有一點點意見，兩人可能就會吵架，一發不可收拾。

有些朋友讓人有威脅感：我們要不就閉上嘴巴，安於現狀，不然就不要這個朋友。我們可以說，這種朋友不是真正的朋友。但是，沒有人希望失去一個認識了二、三十年的朋友。然而，我們也不可以漠視自己的需求。

這種情形很棘手、很麻煩、很敏感，沒什麼經驗法則可遵循。唯一一個要放在心上的原則是：「應該建立的界線我們不做，一樣守不住這段友誼，因為這個朋友讓人有威脅感、不快樂、被困住的感覺。如果我們不能做自己、不能說出真心話，我們不管到哪裡都不自在。」

這種情形下，我們可以學習如何優雅、從容地建立界線。

對方如果還是無法理解我們的做法，我們還是必須這樣說：「你一直活在受害者的形象裡，沒有照顧好自己，這種情形已經太久了，我的精力都被你榨乾了。你一直在利用我們的友誼。我愛你，但是我再也受不了了。」

對於那些欠我們錢的人，處理方法是一樣的。最後一定會有一方很不自在——不是欠錢的那個人，就是我們。我們可以嘴巴緊閉、忍著什麼話都不說，以和為貴最重要。我們可以把不自在的感覺，留給自己受。不然就說出實話，把難堪、不自在的感覺留給朋友承受。

行動要謹慎、慢慢來。先把自己的情緒清除乾淨。言語要柔和、充滿關愛。緩緩說出自己的想法，不夾帶憤怒或任何情緒，這樣或許改變不了什麼，但誰知道呢！

如果朋友對我們拉起界線，對我們的行為有意見，做了我們自己也想對他們做的事，我們會有什麼感受？我們希望對方怎麼處理這個問題？

有時候，我們唯一可以遵循的原則就是「己所不欲，勿施於人」這則金科玉律。

在我們找朋友攤牌前，先問問自己幾個問題。我們的朋友是不是每次都是這樣，還是他們目前遇到了困難？他們現在是不是很悲傷，或者失去了什麼？悲傷的人本來就很不好處理。假如今天悲傷的人是我們，我們會希望朋友怎麼對待我們？這類情形很複雜。一步步慢慢來。我們一定會在荊棘中找到出路。

## 覺得孤單無助

覺得孤單無助，是陷入互依成癮關係的人常有的想法，這種想法在許多人心中根深蒂固，長年如此。想要完成什麼事，我們必須自己來，不可依賴任何人。如果我們有依賴的心，最後一定會失望。有人叫我們要相信崇高偉大的力量，但我們就是喜歡看得到、感覺得到、摸得到的人或東西。我們已經照顧了很多人，我們希望好歹一次，也有人能照顧我們、幫助我們。

本書有一個練習，是請各位對著鏡子裡的自己，說一些肯定自己的話。現在，我們要用類似的話語來結束本書。當我們覺得孤單時，我們可以這樣告訴自己：「這麼多年過去了，我們覺得自己好像一直在孤軍奮鬥。其實上天、人們和生命一直都在背後幫助我們。」

我們往往只看到自己少了什麼。我們要學會看到自己得到了什麼、誰在背後支持我們、我們擁有什麼。我們不需要控制一切——包括我們自己。

# 第二章　尋求協助

## 開口尋求協助

想要得到幫忙，絕不是件容易的事。如果需要免費轉介任何形式的協助或解決方法，無論是支持團體，或者經濟上陷入困難，當我們承認自己需要幫忙，且開口請求協助，真正的力量就從這裡開始出現。

## 向前走

向前走。你永遠也不知道自己其實有多麼堅強。需要別人幫忙什麼就開口請求，然後按照他們的建議做。救急資源不是每樣都適合我們。經驗法則告訴我們，除非你一開始就很清楚知道這個人或這個資源不適合你，否則得到別人的協助以後，我們要給自己三次機會嘗試。也不要輕易打消念頭，不再打電話請求協助資源或社福資源轉介，不要這樣想：「我以前請他們幫忙，但是他們拒絕我了。」

要請求幫忙，得到幫忙要表示感謝。但最重要的是：我們能夠付出愛，也能接受別人的愛。

學習愛自己、照顧自己，你就會懂得如何愛別人。做個健康的人，不表示我們要變得非常堅強，堅強到對人漠不關心、冷酷無情，讓任何人再也傷害不了我們。我們選擇的這條路，或許一開始沒辦法讓我們付出太多，但是敞開心胸過生活、付出愛，就是人生這趟旅程要帶我們去的地方——即便我們必須付出的代價，是提前與親人說再見。

沒走到終點，不要停下腳步。

# 練習設立界線
## 在愛裡保持距離，將那些無法掌控的事情全部放手
## The New Codependency: Help and Guidance for Today's Generation


作者　梅樂蒂・碧緹（Melody Beattie）
譯者　林曉芳
總編輯　汪若蘭
封面設計　兒日
行銷企畫　李雙如

發行人　王榮文
出版發行　遠流出版事業股份有限公司
地址　臺北市南昌路 2 段 81 號 6 樓
客服電話　02-2392-6899
傳真　02-2392-6658
郵撥　0189456-1
著作權顧問　蕭雄淋律師

2017 年 11 月 27 日 初版一刷
定價 新台幣 300 元（如有缺頁或破損，請寄回更換）



ISBN 978-957-32-8159-7
遠流博識網 http://www.ylib.com E-mail: ylib@ylib.com





國家圖書館出版品預行編目 (CIP) 資料

---

練習設立界線：在愛裡保持距離，將那些無法掌控的事情全部放手 / 梅樂蒂．碧緹 (Melody Beattie) 著 ; 林曉芳譯 . -- 初版 . -- 臺北市 : 遠流 , 2017.11
面；　公分
譯自 : The new codependency : help and guidance for the today's generation
ISBN 978-957-32-8159-7( 平裝 )

1. 修身 2. 生活指導

192.1　　106019672

---